スマホ《Smartphone》のエクソシスト《Exorcist》

津江佳希《Tsue Yoshiki》

たま出版

はじめに

――津江さん、今日は頭が重く、前の方が痛いので、今、九字などいろいろ祓《はら》ってみて、少し、目はスッキリしたのですが、まだ、なにか憑《つ》いてますか？

――今はどうですか？

――痛みがとれてスッキリしました！　ありがとうございます。なにか憑いてましたか？

――あーさんです。

これは、ＳＮＳメッセンジャーを通したお祓いのやり取りです。

私に依頼しているのはある女性セラピストです。この方は、セラピストとして活動し、誰かの身体を触るたびに、霊的ななにかを受けてしまって体調がすぐれなくなる、ということを繰り返しています。

私が開発した「アセンション・トレーニング」（神人合一法による霊性向上プログラム）を受講していただいてはいますが、遠方にお住まいだったため、トレーニングも初歩の部分のみとならざるを得ず、多くのことに対応することが難しいために、こうして連絡を取ってお祓いをしているのです。

電車のなかで、つり革にぶら下がったままスマホに向かって女性をイメージし、「お祓い」をおこなうこと一分少々。そのあと私は、「今はどうですか？」と返します。

スッキリしたという返信から、状況は改善されたようです。

彼女に憑いていたものは「あーさん」。これは私たちメンバー間の造語です。悪いものの名前を直接的に呼びたくはないので造語ができました。「悪魔」の頭の一文字を取って「あーさん」です。

これが「死霊」ならば「しーさん」、「野狐《やこ》」なら「やーさん」、「生き霊」ならば「いーさん」という具合になっています。言葉に出すときに、オドロオドロしさがなくなるようにしています。

こうしたやり取りは、パソコンでおこなうほうが楽ですが、最近はスマホを使うことが増えてきました。面談形式でなくても遠隔でほぼ同じことができますから、いつの間にか、ＬＩＮＥやＳＮＳメッセンジャーからの依頼は八割を超えました。

そんなに簡単に霊だのなんだのが祓えるのかと、疑問に思うかもしれません。目に見えない相手です。たとえ見えていても化けていることもあります。相手によって対処も異なります。強いものを祓うには、それなりの修行が必要になるのも確かです。そして、ご先祖が絡んでくる場合はさらに複雑となり、時間も費やさなければなりません。

しかし、理屈と方法さえわかってしまえば祓うことも対応することもできます。誰にでも、容易にできることです。

では、その理屈と方法について、これからくわしくお話ししていきましょう。

スマホのエクソシスト　目次

第一章　毎日がエクソシスト

最初に、悪魔にとり憑かれた女性の事例を紹介しましたが、皆さんは不思議に思うかもしれません。

悪魔なんて、ほんとうにいるのか？
日常でとり憑かれるほどに、多くの悪魔がいるのか？
悪魔なんて、想像上のものではないのか？
悪魔が存在するとして、簡単に祓えるものなのか？
私たちにとり憑くものなんて、せいぜい幽霊じゃないのか？

などなど、多くの疑問がおありだと思います。そもそも、霊体や神、悪魔などは存在しないのだと思っている人もいるでしょう。

また、霊とか悪魔に関することは、人間の脳のなかでつくりあげた想像上のまやかしであるとか、自律神経失調症が原因だとか、レビー小体に起因する脳障害が要因だとか、科学に説明を求める人もたくさんいらっしゃることでしょう。

しかし、色や形を持ち、その姿を自在に変え、声を発し、人の身体を動かし、痛めつけるなにかがあなた自身を襲ったとき、そして、今の科学や医学では説明がつかず、改善もできないとき、その恐ろしい存在を思い知らされることになるのです。

悪魔にとり憑かれていた青年時代

私は若いころ、原因不明の不調に苦しみました。霊だのなんだのが、ただ見えるだけ、聞こえるだけならば痛くも痒くもありませんが、それが身体に悪さをするとなれば話は変わってきます。

私の場合は、身体のあちこちに激痛が走り、絞られるような頭痛が絶え間なく続きました。

そんな状態ですから、いつも頭は朦朧《もうろう》とし、自分がなにを考えているのかさえわかりません。教科書を読んだところで、内容がわかるわけもありません。

私は、高校生活半ばで勉強することを諦めてしまいました。

父はそんな私を見て、「気合いが足りん！」と言うばかりです。父の目には、私は気が弱く、ナヨナヨしているだけに映っていたようです。

勉強ができませんから、当然受験には失敗し、浪人生活となりました。ところが、二浪目に入っていた十九歳のとき、突然身体の痛みが消えたのです。これ以上両親に迷惑はかけられないと考えた私は猛勉強し、無事受験を突破し大学生になりました。

しかし、これから青春を取り戻すんだ！　と思ったのも束の間、入学後すぐに痛みが再発してしまいました。

そんなとき、私の様子がおかしいことに気がついた友人のすすめで、当時最先端の心理学治療を研究していた教授のもとで、自律神経の訓練「バイオフィードバック・トレーニング」を受けることになりました。

「若い君がそんな暗い顔をしていたら駄目だ」と励まされた私は、訓練でなんとかなるならとトレーニングをはじめることにしたのです。

その訓練は、自律神経を科学的にコントロールすることが目的でした。身体の各部を確実にコントロールする訓練を積めば、自然と自律神経も整っていくというもので、頭、胸、腕、胴体、脚に電極を繋いで訓練をします。「右腕が重くなる」「左腕が熱くなる」と順番に念じて、身体を自分の意思で操ります。これを、電極を繋いだ部位一つひとつに、繰り返し実施していきました。

こうしてコントロールの訓練を積めば、自律神経失調症などの症状も緩和していくということでした。

うまくいくはずだと念じながら訓練しました。かなり集中してやったのですが、頭が朦朧とするのは変わらず、不調はぬぐいきれません。

そして、しばらく訓練を続けたある日、教授が私を呼び出しました。

「君のトレーニングをずっと見ているが、首から下、胴体部以下は普通の人と変わらないようだ。その点では問題ない。しかし、首から上、つまり頭に関しては通常と正反対の数字を示している」

「どういうことですか？」

「私ではわからないということだ」

「えっ、わからない？　じゃあ、治せないのですか？」

「そうだ。私では、この方法では治せない。理屈が通らないのだ」

「……」

「大学病院を受診しなさい。私が推薦状を書くから」

私は、絶望的な気持ちでした。

検査の日の朝、母がアパートに訪ねてきました。

教授を紹介してくれた友人と共同生活をしていたアパートです。今考えると、このアパートの場所もよくなかったのでしょう。周囲に動物霊がたくさんいて、毎日のように金縛りにあっていました。

私は、母に検査のことは秘密にしようとしていたので、突然の訪問に驚きました。

「どうして……」

「きのうの夜、大学の先生から電話があったのよ。必ず受診させるようにって」

「逃げたりしないよ」

そのときは、もう、なにもかもさらけ出そうと思っていました。なにか解決への糸口が見つかればという一心だったのです。

大学病院での精密検査を受けたのは、大学二年の秋口でした。

ＭＲＩや見たこともない機械を使って調べられたのですが、機械を使っての検査になると、私の身体に憑いたものは一時的に離れ、狡猾にも、終わるとまた戻ってくるのです。どうしようもありません。

そのころには、私は自分の不調が、なにか、悪い霊の作用なのだと悟っていました。それらは賢く、意志を持っていて、私の身体から離れたり戻ったりするのです。これではいくら検査をしても原因などわかりっこありません。

心霊写真に映ったりする霊は、どうしても存在を示したい意思があるか、ボーッとしているかのどちらかなのだと、そのときわかりました。

案の定、外科でも内科でも異常は見つけられず、精神科では「離心症」という診断がくだされました。

医師に「頭や身体が痛いのですが、これは治るのですか?」と聞きましたが、「いいえ、これは一生治りません」という返答でした。

医者の言葉は重くのしかかりました。一生痛みと付き合っていくのかと思うと、気が遠くなるようでした。薬ももらいましたが、頭がボーッとするだけで痛みが和らぐこともなく、意味がないので飲むのをやめてしまいました。

今にして思えば、痛みと「悪いもの」の因果関係は明確で、原因を取りされば痛みも消えます。ただ目に見えないので、科学として扱うことができなかったのです。

師との出会い

学生時代は、実家に帰ることは稀でしたが、その日は新発売のパソコンが届くということで、つられるように帰省していました。病院での検査が終わったのに、なにも解決していませんでしたから、両親も心配したのでしょう。私の気を紛らわすために、わざわざ高い買い物をしてくれたのかもしれません。当時は、パソコンは今のような市民権を得ておらず、ずいぶんと珍しいものでした。

私が帰省しているさなかに、母が呼んだとおぼしき見知らぬ初老の女性が、家でなにやらお祈りをするではありませんか。我が家には神棚も仏壇もありません。私には産まれてすぐに亡くなった姉がいますが、位牌もありませんでした。私は、女性のことをいぶかしく思いましたが、お祈りが終わるまではなんだか悪いような気がして、部屋の隅で座っていました。三十分程度でお祈りは終わり、女性は軽く挨拶をして帰っていきました。

女性を見送った母は、戻ってくるなり私に言いました。

「さっきの先生から、あなたを連れてきなさい、このまま放っておくと大変なことになる、と言われたのよ。行って話をしてみない？」

それを聞いて思ったのです。もしかしたら、私の「悪いもの」がわかる人かもしれない。私はいてもたってもいられず、すぐに女性を訪ね、相談しました。

「おかしくなったのは高校に入ってからです。親は病院に行くことしか許しませんでしたから、それ以上はどうすることもできません。今も身体中が痛いのです。二十五歳まで生きられないかもしれない。どうしたらいいですか？」

二十五歳、それは霊障がはじまったころから繰り返し脳裡に焼き付く私の寿命でした。

「じゃあ、祓ってみましょう」

「えっ、これ、取れるのですか？」

女性は私の背中に回ると、背中に手を当てました。とても熱い手でした。なにかが足りないと言って、彼女はたびたび中座しましたが、なにやら呪文のようなものを唱え、気合いを掛けられると、まるで手品のように、直前まであった身体中の痛みが消え、頭がスッキリしました。

「……悪いものがいない。取れるんですね、これが祓い……」

「あなたは、いろいろと受けやすいから、またいろんなものに入られてしまうでしょう。自分で祓えるようにしなさい」

こうして私は、生涯の師と仰ぐ方に出会ったのです。師に、疑問に思っていたことをすべてぶつけました。師はそのすべてに答えをくれました。お祓いの方法もそうです。とにかく自分でなんとかする方法をすぐに身につけないと危ないということで、まずはひとつ、お祓いの方法を教わりました。

私がこのとき教わった方法は「早九字」というものです。テレビや映画でもたまに見る「臨兵闘者皆陳烈在前」と唱える方法です。しかし、師のやり方だと、手の動かし方が少し変わっています。

師のお宅を辞した直後、家に入る前にさっそく試してみました。

「臨兵闘者皆陳烈在前、エイ！」と気合いを掛けると、「ゲッポー！」と、ものすごいゲップがお腹の底から上がってきました。そして、頭はいままでになくスッキリしているのです。

師についてこの方法を学ぼうと決意した瞬間でした。

それから、すでに三十年以上がたちました。

「神に二言なしといいます。教わったことは一回で覚えなさい。そして何度も繰り返すのです」という師の言葉の通り、これまで、ひたすら教わったことを徹底しておこなう修行を続けてきました。それは、マニュアルもなにもなく、私に合った方法を一つひとつ積み重ねる修行だったのです。

師は、神々を師として修行された人でした。生まれながらにして「種蒔く人」としての宿命を背負い、医療従事者として働くなか、戦争でサイパン島にまで同行した人です。米軍の猛攻撃によって陥落した島で、女性の身でありながら野宿で二年間過ごすという壮絶な生活を送った後、結婚、出産を経て、なお、自分の役割を果たすため、病院勤めの合い間を縫って全国を行脚し、修行を重ね、人々を助けてこられました。

大きな力を持ちながらも派手なことはせず、ひっそりした生活をされていたのですが、それでも助けを求める電話は鳴り止まない、といった具合でした。人のために身体を酷使していたので、心配した家族が休ませようと入院させた先ですら、皆が相談に押しかけるほどだったのです。

私が入院先へお見舞いに行ったときのことです。

病室のベッドに白いこんもりとした小さな山ができていました。師のお顔は見えません。

「先生、きましたよ」と話しかけると、掛け布団でできた白い山からニョキッと顔が出てきました。厳しい目つきをしてギョロッとこちらを見ています。

「先生、なにをしているのですか、まさか、修行ですか？」

「お見舞いなんかこなくていいのに――。私は大丈夫ですよ」

「大丈夫どころではないですよ、修行なんかして！」

「誰にも邪魔されないからねぇ」

私たちのおこなう修行は、大きな声を出す必要もないので、どこででもできます。もちろんベッドの上でもできるのです。とはいえ、入院先でも仕事をしたり、修行をしたり……「種蒔く人」とはこういう人なのでしょう。

若い時期に師に出会えたことは、私にとってほんとうに幸福なことでした。師との出会いと修行を経て、私は、私を苦しめた不調の原因を、正しく認め、祓うことを学んだのです。

人のなかに潜む悪魔

ある朝、私が事務所に到着すると同時に、電話がけたたましく鳴りました。

「朝早くからすみません。耳もとで囁かれて朝方まで眠れなくて……。自分で祓おうとしているのですが、いくらやっても祓えず、心臓にまで強い圧迫がかかるのです」

普段はテキパキされている方なのに、ボンヤリとした口調です。

「内観はできますか？」

「いいえ、やろうとしてもまったく内観が通らないのです。そうしていると、神様のように優しく落ち着いた声で『仲間を助けよ』と聞こえてくるのに、反対から『一人になって尼となれ、お前は悪魔で身体がいっぱいになっているから祓うことはできない。お前の夫や子供にも悪魔がいるぞ』と言われるのです」

聞いただけで、多くのものが混じっているのがわかりました。一つひとつときほぐさなければなりません。

「魔と化したご先祖は元に戻りなさい……」

「野狐も離れなさい……」

繰り返しお祓いをすること約三十分。そのあと、魂の成長に関する話……なかでも、霊感は重要なことではないという話をしていると、奥に隠れていたご先祖が興味深そうに出てきました。

「私たちは霊感や霊能の力をもって世に出ていた。だが、違うのか？　それは間違っていたのか？」

「はい、違います。先ほどお話ししたように、霊感は取り立てて重要なことではないのです」

「そんなことは、誰も教えてくれなかった」

「身体にいてはこれからの修行もできませんよ。お離れください」

このとき出てきたのは、霊感を持っていたご先祖のようでした。この方は、得心された様子ですぐに離れていきました。

しかし、まだ奥に隠れているものがいます。

「魔は前に出よ。ルーシーであろう」

「え、ルーシーって？」

戸惑う声は一瞬だけで、すぐに、悪魔が前に出てきました。

「よく見破ったな。ワシの名はルーシー。ルシファだ」

堕天使と呼ばれるルシファは、悪魔たちにさえ恐れられている大悪魔ですが、修行を積み、あるレベルまで到達できた者なら対抗できます。

彼らのような悪魔は、分霊するのも自由自在ですから、どこにでもあらわれることができます。つい二日前退治したばかりであるにもかかわらず、今日またあらわれるといった具合です。

こうしたやり取りを繰り返し、すべてを祓い終わると、電話口の声は元気を取り戻したようでした。

「スッキリしました。ルーシーだなんて、あー、怖い怖い」

安心した声で電話が切られました。

こうしたやり取りは、最近とくに増えてきました。

悪魔は多くの人の身体に潜んでいます。普通に生活していて、元気なときには気づかなくても、原因のわからない身体の痛みがあったり、霊感があるせいで霊障として自覚した場合などは、こうした悪魔の存在に気づきます。家族にも言えず、日々悩み苦しんでいる人も多いのではないでしょうか。

地上に悪魔が増えている

私の感覚では、西暦二〇〇〇年を境にして、数多くの悪魔が地表にあらわれはじめたように思います。それまで空中に漂っていたり、また地獄にいたりした悪魔が、地上を跋扈《ばっこ》し、多くの人にとり憑いています。

悪魔にとり憑かれた人は、数年はなにも変わらずに過ごせますが、思考や精神、肉体をしだいに蝕《むしば》まれていきます。とり憑かれたからといって、今すぐにおかしくなることは稀です。五年十年という年月を経て、症状が悪化し、顕在化することが多いのです。

私は、出張で飛行機をよく利用していたため、疲れて機内で寝てしまうことがありました。あるとき、機内で眠っていると、右前頭葉頭の内側を「ガッガッガッ」と、激痛とともに、パックマンのように走るものに襲われました。脳を食い散らかされるように痛くて、眠るどころではありません。頭が感電したかのような感覚でした。空にいた悪魔にとり憑かれたのです。

「修行の至らなさを悟れ」と、どこからか声まで聞こえてきます。

眠ることもできず、あまりの痛みに声をあげそうになりながらも必死でこらえ、着陸を待って、空港のトイレに駆け込みました。そこで、「悪魔は退散せよ」と、お祓いをはじめました。

しかし、彼らは言葉に出すよりも早く頭のなかを這い回ります。

声が出せないので、携帯していた塩などで強く祓うと、やっと出て行きました。

携帯用お祓い道具は、常に持ち歩くようにしています。街中や大学や、会社の事務所のトイレに駆け込んでは、塩などを使って、魔や物の怪《け》などを祓い続けてきました。

「あいつ、トイレ多いな！」

と揶揄《やゆ》されることもありましたが、自分を保つためには仕方がないのです。

師と出会って以来、そうやって毎日自分のお祓いをおこなう日々が続いていました。気合い、九字、祝詞《のりと》など、移動のときも暇はありません。寝落ちしてしまうこともありましたが、とにかく強くなりたい一心でした。

自身の力を鍛えるため、滝行をすることも考えたことがありますが、身体を痛めつける修行はあまり意味がないと教えられ、結局難行苦行の類はおこなっていません。でも、こうして四六時中なにかを祓い続けてきたことは、ある種の荒行になっているかもしれません。

こうしたことを三十年以上続けてきて、今はようやく、自分以外の人を祓えるようになっています。

地上に悪魔が増えた理由

話を元に戻しましょう。

そうやって空中に漂っていたものが、いつしか地上に降りてくるようになったと強く感じたのが、約四年間の上海生活を終え帰国したときでした。

二〇一二年二月、福岡国際空港に降り立った私は、異様な雰囲気を感じました。その後、退職手続きなどで関西、関東を巡ったときも同様のものを感じました。

悪魔は清浄な場を嫌がり、不浄な場を好みます。

ですから、地表に多くの悪魔があらわれるということは、地上が清浄な状態でなくなっているということです。

そして、地上が汚れるのは、多くの浮かばれない霊が存在するからです。

近年生じた戦争、多くの事件、交通事故、加えて、東日本大震災などの災害が、その原因となっています。もちろん、多くの古戦場が日本に限らず世界中に存在しますから、供養されない人というのは、昔から相当の人数いたことになります。

しかし、日本では、先祖供養や慰霊といった、ともすれば迷信ともとられかねないことを先人がしっかりとおこなってきました。現代でも、それを受け継いで慰霊をおこなう人々はいますが、とくに団塊の世代の人たち以降は、核家族化の影響もあって、個別主義が進み、自分たちのことだけを優先して考えるようになってしまったと言わざるを得ません。

その存在がなければ自分たちが存在しないというのに、ご先祖のことをおろそかにし、死んだらなにもなくなるという考えを持って、供養を馬鹿げた風習と片づけ、楽しければいい、お金持ちになりさえすれば成功だと考えるのです。

そうして、お墓参りさえしない人たちが増えたことで、浮かばれないご先祖の魂はこの世に留まってしまい、子孫にすがったり、もしくは自分のことをわかってくれそうな優しい他人にすがろうとして、人にとり憑くことが多くなっています。

このように、人の魂の多くが浮かばれずこの世に留まることで、地上が清浄な状態を保てず、多くの悪魔の侵入を許すことになってしまったのです。

第二章　悪魔

悪魔は誰にでもとり憑く

今では、会う人会う人、ほとんどに悪魔がいることが当たり前の日常になりつつあります。

電車に乗り合わせた人も、街ですれ違う人も、お茶会で会う人も、みんなとり憑かれていて、なにも憑いていない人は稀です。

悪魔にとり憑かれるなんて、その人になんらかの原因があるのではないか、と思われるかもしれませんが、そんなことはありません。驚くかもしれませんが、本人に原因がないことがほとんどなのです。

心身が不安定な人が悪魔にとり憑かれやすいのかというと、そうでもありません。

多少霊感めいたものがある人で、「自分は結界を張れるから大丈夫」と言う人がいますが、防御に完璧はないので油断は禁物です。

強い悪魔の侵入を拒める人はいません。悪魔のほうから逃げていくような人は別でしょうが、そんなに強い人はめったにいませんし、どんなに若くて元気な人でも、ご先祖が迷っていて、身体にすがられ頼られていれば、悪魔に侵入されやすくなってしまいます。

親戚から「うちの子を見てほしい」と依頼されたことがあります。その男の子はまだ高校生でしたから、目に見えない世界のことにはまったく興味がなさそうでした。

しかし、悪魔がいるのは明白でしたので、私は、「口寄せ」を試してみることにしました。

「口寄せ」とは、身体のなかにいるものが、とり憑いた人間の口を借りて話をする現象です。チャネリングとは異なり、どこかと繫がるのではなく、霊などを身体に入らせて話をさせるという、恐山でイタコがおこなっている事象のことです。

一般的には、トランス状態にならなければ話をすることは難しいのですが、私はある方法で内部の存在に強いプレッシャーを与えることができます。そうすることで、トランス状態にならなくとも、身体のなかに隠れているものを浮かび上がらせ、強制的に話をさせることができるのです。このとき、口を動かせなくても、首を振らせて回答を得ることができます。

男の子に口寄せをさせるためにプレッシャーを与えると、先に首が動き、次いで口が動き出しました。

「名前を言いなさい」と迫ると、その子は押し殺した低い声になり、「サ・ン・タ・ナ」と答えるではありませんか。

名前のついた悪魔は強力です。用心してかからなければなりません。しかし、たいていは力対力の勝負になりますから、こちらの力を見せれば多くは大人しく退散します。

このときはすぐに祓えましたが、男の子の家族はひどく驚いたようでした。

口寄せをした当の本人は、「自分の口で話したことだから、荒唐無稽だと馬鹿にできなくなった」とのことです。

元気な若者にもこうしてとり憑くのが悪魔です。この若者には、とりたてて憑かれる原因はありませんでした。悪魔は誰にでも、原因があろうとなかろうとおかまいなしにとり憑くのです。

悪魔の種類

ひとくちに悪魔と言っても、その種類はさまざまです。

生来の悪魔、人が悪魔となったもの、動物が悪魔となったもの、それ以外が悪魔となったもの……。弱い悪魔には名前がありませんが、他の魂を悪魔に転じさせ、功績をあげることで名前をもらうようです。名前を得ると、悪魔は高らかに名乗るようになります。弱い悪魔は名前を聞いても「まだ名前はない」と答えます。

正直なように思いますか？　悪魔は巧妙です。悪魔になりたい人間にわざと名前を与え、いいように使うこともあります。

悪魔の名前は多様です。日本にいるのに、なぜか横文字の名前をよく耳にします。国際化の影響かもしれません。名前を持っても降格もあり得るといいますから、人間社会と少し似ていますね。

人の身体のなかから出て、もとの場所へ帰れと言うと、ほとんどの悪魔は「親方に怒られるから、帰れない」とか、「親方のように強大な力を持ったものからは逃げられない」とか、「親方は恐ろしい」という話をします。

聞けば聞くほど、人間の社会、とりわけ裏社会によく似ていると思わされます。

ちなみに、「親方」とはなにかと問うと、悪魔いわく「ルーシー様」です。少し前にも出てきた「ルシファ」のことですね。キリスト教で説かれる最高位の悪魔の名前と同じです。

魂を悪魔化させるたくらみ

ある日、電話で知らせがきました。

「看《み》ている女性がいるのですが、私の手には負えません。あーさんだと思います。今からそちらにむかわせますから、お願いします」

とのことです。

小一時間ほどして呼び鈴が鳴りましたが、誰も入ってきません。ドアを開けると、付き添いと思われる方の横に、杖を持ち、うつむいて、微動だにしない女性が立っていました。女性をソファに座らせると、ガタガタと手が震えはじめます。声を出すことも辛そうです。

悪魔が数体いるのがすぐにわかりました。

「ご先祖は身体からお離れください。お祓いがはじまると痛いですよ。あとで供養の方法はお話ししますからね」

と、ご先祖には小さな声で断りを入れ、祓いはじめました。次から次へと悪魔が出てきます。三十分ほどで六体ほど祓ったところで「あれー！　痛くない」と、女性が素っ頓狂な声をあげました。目も活き活きと輝きはじめました。この女性は私と同じで、「受けやすい」体質の方だったようです。

女性は、「いつも黒い服を着た男の人が横にいて、じっと私を見て話しかけては、自分を傷つけるように脅すのです」と話しました。痛ましいことに、腕には何本もの傷跡が残っていました。

これが悪魔の目的です。自分を傷つけ、自死するように仕向けて、魂を悪魔化させようとしているのです。

女性は、それから杖もいらなくなり、幸せに暮らしているということです。

野狐が変化した悪魔

「友人の近くに寄ると、右のアバラが痛くなるのです。彼は、なにか変なものにとり憑かれているのではないでしょうか」

私のスマホに、アセンション・トレーニングを受けている東京のメンバーからこんな相談が送られてきました。添えてあった写真を見てみると、なるほど、くだんの友人はかなり強いものを受けている様子です。

私は、二〇一七年の九月から、福岡在住のHさんとともに、ふた月に一度のペースで東京でアセンション・トレーニングをおこなっています。Hさんは子供のころから霊障に悩まされつづけており、「見える、聞こえる、話せる」と、三拍子そろって突き抜けた霊感を持った人です。その霊感をコントロールするために私のアセンション・トレーニングを受けるようになったわけですが、すでにHさんは、私の代わりにエクソシズムをおこなうほどになっています。

そんな実力がありましたから、メンバーの心配の種である、とり憑かれた男性（Kさんとしましょう）のお祓いについては、Hさんに任せることにしました。

私が他のほうのお祓いを終え、様子をうかがうと、Kさんのお祓いをおこなっているHさんがしきりに首を傾げています。

「どうしました？」

「予想外に相手が強いのです。まだら模様の野狐なのですが、悪魔になっているみたいです。私では、これは祓えません」

Hさんの言うとおり、まだら模様の野狐以外は祓われているようでした。祓いを受けているKさんは、自分になにがおこっているのかわからず困惑していました。身体の状態をKさんに聞いても「よくわかりません」と繰り返すばかりです。

私は、Kさんの身体にいるものに圧をかけることにしました。

怪訝な顔をするKさんにかまわず左手をKさんの胸に向け、圧をかけます。するとKさんの身体が小刻みに震え、仰向けに倒れるやいなや、失神してしまいました。全身が痙攣《けいれん》して、耳から首にかけての筋肉が波打っています。

あとで聞くと、その場にいた人たちは、「すぐに救急車を呼ぼうかと考えたけど、津江さんとHさんもいるから大丈夫かなと思った」とのんきに考えていた人もいれば、「あんなに波打つような筋肉の動きは自発的にはできない」などと、冷静に観察している人までいたようでした。

私はそんなにのんきではいられません。すぐになんとかしなければいけません。相手の身体の負担もそうですが、時間が経てば経つほど、身体を狐に自由に扱われるようになってしまうからです。

最終的には狐神を呼び、野狐に「出て行かないのであれば、『地狐《チコ》様』に喰ってもらうぞ！」と脅しました。そこでようやく、そのしつこい野狐は尻尾を巻いて出て行きました。野狐は狐の神が怖いのです。

野狐は出て行きましたが、Kさんの魂は野狐に追い出されたまま、身体に戻ってくることができないでいます。つまり、失神したままでした。

そこで呪文をかけ、「Kさん、戻ってきてください」と言葉を発した刹那《せつな》、「ガバッ」という音がするほど、上半身が力の溜めもなく突然起き上がりました。

「私、どうしてました？」

「倒れて痙攣していたんですよ」

「身体が少し揺れていたのはわかってましたけど、そんなに激しくなかったはずなのに……」

「少しなんかじゃありません。激しく痙攣していましたよ」

Kさんは、やはり「受けやすい」体質でした。いろいろなものに入られやすいのです。このときKさんのなかにいたのは、Hさんの言うとおり、野狐が悪魔化したとても強いものでした。それも、最近入ったのではなく、長時間入ったままだったのです。

Kさんはその後、私の主宰するアセンション・トレーニングのメンバーとなり、自分を守るために修行されています。

悪魔にだまされたご先祖

お祓いをおこなう際、「外に出ることができますか？」とご先祖に呼びかけると、「誰かに手を引っ張られて動けません」と訴えかけられることがあります。

基本的に、供養が充分であれば、ご先祖があなたをすがってきたりすることはありません。なのに、「欲しいものがありますか？」と聞いても「伝えたいことがありますか？」と聞いても、首を横に振るだけのことがあります。

これは、なにかにだまされ、無理やり引っ張られて身体に入り込んでいるからです。

あるとき、お祓いで「手を引っ張っているものは、前に出て名前を名乗りなさい」と命令すると、その正体がわかりました。

「俺様の名前は『ソロモン』だ！」

ソロモンは自信満々の様子で、祓われることなどあり得ないという態度でした。確かに力は強いのでしょう。祓うこともなかなか難しそうでした。歴史上の有名人の名を名乗っていますから、悪魔は得意になっています。

「元の姿に戻ってみよ。足下から順に元の姿に戻るぞ。鏡に映った自分の姿を見よ。元々の名前を思い出すがいい」

こういうときの私は勝手に口が動いているので、なんだか昔の人になったような感覚に陥ることもあります。私の口を通して神様がしゃべっているので、多少古めかしい言い方になるのでしょう。

「悪魔に適当な名前をつけられ得意げになっておるようだが、桑を担いだ人の姿をしているではないか。元々の名を申せ」

「……権兵衛でございます」

「うむ、それで、どうしてこんなことになった?」

「ここにいろと言われたのです。ここにいて、この者を悪魔に変えれば私も大悪魔になれると言われました」

「権兵衛よ、地獄に行きたいのか」

「いいえ！　ここで楽しく暮らせると言われたのです」

「では、権兵衛をたぶらかす魔は前に出て、名を申せ」

私の口を通して話す神様は、さらに後ろにいる悪魔に言いました。

「わしの眠りを邪魔する奴は誰だ。わしの名を冥途の土産に聞かせてやろう。我が名は『カリオス』だ」

「では、そなたを縛す。切れぬ縄で縛しておる。その縄を絞るぞ」

「止めろー！　止めてくれー！」

威勢よく、強そうな名前を名乗ったくせに、カリオスは情けなく叫びました。そして、先ほどまでの勢いが急になくなり、すごすごとおとなしく身体から出ていきました。

「権兵衛よ、魔にだまされ悪魔となれば、カリオスのようになってしまうぞ。元の姿に戻り、あちらに行きなさい」

「身体が朽ち落ちて動けないのです」

「元の元気ある姿に戻りなさい。これで行けるでしょう」

神様は権兵衛に元気な身体を取り戻してくれたのでしょう。こうして、権兵衛も身体から出ていきました。

さまざまなものを呼び込み、引っ張っていたのは悪魔になりかけたご先祖で、そのご先祖もまた、本物の悪魔にだまされていたという事例です。

最近は、こうして悪魔に騙されるケースが増えてきていると感じます。

毎晩身体を乗っ取られていた少年

仲間の霊能者が、自分の引き受けた相談者の事例について、自分の手には余るようだと、私に相談を持ちかけてきたことがあります。

その相談者の一家の悩みとは、息子さんのことでした。彼は十七、八歳くらいの少年で、母親いわく「毎晩霊が入ってくるのです」とのこと。おかげで、学校も仕事もままならないというのです。

見てみますと、入っているのは霊だけではないようでした。

「ここが痛いでしょう。キュルキュルと時々痛みませんか？」

と、私が右あばら下を指して聞くと、彼はコクンと頷きました。

やっかいなケースでしたが、私はとにかくお祓いを開始しました。背中に手を当てて九字を切った瞬間、少年は意識を失ってしまいました。

私の守護神が、「一体や二体ではない」といいますから、一つひとつ順番に祓っていくことにしました。

はじめに出てきたのはご先祖の霊です。どうもひどく怒っています。「白いご飯を大盛でくれ、今すぐ！」というので、すぐに用意をすると、素直に身体から離れていきました。

次にあらわれたのは女の子の霊でした。この子にはお菓子やジュースを用意してもらってことなきを得ました。ここまでは、確かに「霊」の事例です。しかし、奥にややこしい存在がいるのは確実です。

しばらく祓いを続けるあいだ、少年は気を失ったままでしたが、ほとんどのものが祓われたとき、ようやく少年の身体が動きました。目は閉じられており、まだ意識は戻っていない様子です。しかし、うつ伏せに寝ている少年の両手の人差し指、中指、薬指が、悪魔が槍を持つようなかっこうになっています。

彼は起き上がり、腕に身に着けていた数珠を自分で外すと、低い唸り声をあげました。

「お前ら人間どもに俺が祓えるものか！」

叫んだ少年は、いまだ意識を失ったままです。私は、やはり悪魔だ、と確信しました。

「毎晩こんな状態になるのですか」

「はい、意識を失っているのに身体だけが動き出すのです。いつもみんなで押さえつけるしかないのです」

かなり重症のようです。悪魔に少年の身体を自由にさせるわけにはいきませんから、霊的な力で身体を押さえつけて身動きをとれなくした後、強い力で祓いはじめました。常に冷静に、相手の言葉に迷わされずに、八百万の神々のお力を借りて祓うのです。やがて、悪魔は少年の身体から離れました。

しかし、少年に未練があるのでしょう、離れたのは離れたのですが、自分で外した彼の数珠に乗り移りました。私がその数珠を持って強く祓うと、それでようやく家から出ていきました。

悪魔が出て行っても、少年は意識を失ったままでした。よほど長いあいだ悪魔に身体の自由を奪われていたのでしょう。彼の身体からは神気がほとんど失われていました。いくら呼び掛けても意識が戻らないので、魂を呼び返す呪文と神々のお力を借り、「この者が帰る道をお示しください」と呼びかけると、ようやく少年は目を覚ましました。

この少年はとても受けやすい体質でしたから、神棚を家に置いて守ってもらうのが安心だろうということになりました。その後、少年は元気に過ごしているようです。

やれやれ終わった、とほっとしていると、お祓いの場所を借してくださった奥様が、心配そうに「悪魔はこの家には残っていませんよね?」と私に尋ねてきました。目の前で悪魔にとり憑かれた人を見てしまったのですから、恐ろしくなってしまったのでしょう。

悪魔が残っているわけではありませんでしたが、念のために「屋祓い」をしておくことにしました。

ちなみに、屋祓いというのは、家や事務所などに住み着く邪気などを祓う神事です。必要な祝詞をあげたり、大麻とよばれる祓い串で土地や部屋を祓います。とくにお店などでこれをおこなえば、悪いものが祓われ、訪れるお客の数が増えることもあります。邪気に集まる悪魔と違って、人間は、祓われ清浄化された空間に集まりやすいのです。

空からきた悪魔

空を漂う悪魔について、アセンション・トレーニングのメンバーと話していたときのことです。

気分が悪いという人が出たので、「皆さんでこの方を祓ってください」と、メンバーの皆さんに実践してもらうことにしました。

ひとまず、私が圧をかけて、憑いたものの正体を問いただしました。

「どこからきた？」と尋ねると、悪魔は「空から」だと言います。

メンバーのみんなはその答えを聞いて、「今その悪魔の話をしていたところじゃないですか！」「まだ、あーさんを相手にできません」と、恐れおののいてしまいました。

それで、結局私が祓ってしまったのですが、その悪魔は、そう難しい相手でもなく、すぐに出ていってくれました。

知識としては悪魔のことを知っていても、実際に遭遇するとその恐ろしさにしり込みしてしまうとわかりました。

それで私は、とにかく場数を踏んでもらうことが大切だと思い、実践の場を設けるべく、二〇一九年から「スピリチュアルヒーリング向上委員会」を立ち上げ、メンバー間での祓いをおこなうようにすすめています。

悪魔と対決してはいけない

悪魔と対峙することは、やはり一般の人には難しいことです。

強い悪魔になるほど、その力は強大ですし、狡猾で、ずる賢く、巧妙です。

アセンション・トレーニングでは、力を増した悪魔との対峙方法をお教えしていますが、どんな悪魔でも対処できるわけではありません。それは、個人の力の強さが原因でもありますし、お話ししたように、恐れや萎縮が先に立ってしまうからでもあります。

トレーニングを受けた段階で対処できるのは「名前のない悪魔」まででしょう。どんな悪魔にも対処できるようになるには、「神格」の向上が必要になります、それは付け焼刃ではできませんから、日々訓練するしかありません。

私は、強い悪魔に対処できるようになるまでは、あえてその強い悪魔に意識を向けず、知らんぷりをするのが身のためだと教わってきました。へたに意識してしまうと、悪魔に気づかれるきっかけを与えてしまうからです。

ですから、皆さんも悪魔に出会ったら、まずは知らんぷりをすることです。

ただし、防御できずに自分がとり憑かれてしまったなら、一刻も早く専門家に相談してください。

和洋折衷のエクソシスト

エクソシズムというと、有名なのは映画「エクソシスト」ですね。それ以降も、「ライト」「エミリー・ローズ」など、さまざまな映画が続々とつくられています。

そうした映画のイメージから、悪魔祓いはキリスト教の専売特許と思われがちですが、実際には、世界中いたるところで悪魔祓いはおこなわれてきましたし、今でもおこなわれています。日本でも、悪魔祓いはおこなわれてきました。

現在は、西洋式のいいところを見習って、参考にしたり、切り捨てたり、取捨選択して、効率的に悪魔祓いができるようになってきました。悪魔祓いも和洋折衷のエクソシストになって、いいとこ取りをしようというわけです。

バチカンがエクソシストを急募したというニュースが流れたこともありましたし、現在は世界的にエクソシストの数が足りていないようです。

悪魔祓いの手順もさまざまあると思いますが、私の取っている方法を少しだけ紹介しましょう。

1・全体を一気に祓い、弱いものを一掃する
(力の弱い悪魔悪霊などは九字や気合いで一気に祓うことができます。その後で、強い悪魔を個別に祓うことになります)

2・ペタッと張りついている強い悪魔を浮き上がらせる
3・名前を言わせる
4・命令し、身体から出ていかせる

時間がない場合は、強烈な力を使って強引に祓うこともありますが、悪魔だけ単体で憑いていることもまずありませんから、めったにやりません。ご先祖が絡むことが多いですから、そう単純にはいかないのです。まずは、ご先祖一人ひとりにできるだけていねいに対応して、身体から離れてもらいます。

そうすると、悪魔はご先祖の後から手を引っ張ったり、ご先祖をだまして言うことを聞かせたりと、状況に応じていろいろな方法を使ってきます。

そこで、命令するために悪魔の名前を聞きます。ただし、悪魔は狡猾ですので、話をまともに聞いてはいけません。「交渉しよう」などと持ちかけられても無視しなくてはなりません。

交渉、相談、脅しなど、悪魔はあの手この手を駆使してこちらに話しかけてきます。

けっして話の内容に耳を傾けてはいけません。命令し、一方的に出ていかせる姿勢が大切です。

第三章　魂

さて、これまでは地上にはびこるようになった悪魔のお話をしてきましたが、この章では、悪魔が地上に広がる要因の一つ、地上に留まるようになってしまったご先祖の魂についてのお話をしましょう。

戦場に散った荒魂

太平洋戦争で散った戦艦大和などをお祀りする、第二艦隊への追悼式に、師とともに参加させていただいたときのことです。

この追悼式は、航空自衛隊や海上自衛隊も参加して、第二艦隊の戦没者三七二一名の英霊供養をおこない、沖縄海上特攻作戦の悲劇を次世代に伝え、平和の尊さ、世界の繁栄と平和に寄与することを目的とした祭典です。ちょうど五十回目であり、節目ということもあって、この日を最後に、慰霊は終了するとのお話でした。

祭典も後半にさしかかり、風が舞いはじめると、近くの岩山の上空に何羽もの鳶《とび》があらわれました。私はそれを見て「鳶が舞うときは死霊がいる」という話を思い出したのです。

そう思ったとたん、みるみるうちに、多くの戦死者が集まってくるではありませんか。

人は死した後、魂は肉体から離れますが、神のもとに帰る魂を除いて、三カ所に分散して存在します。「一霊四魂《いちれいしこん》」という言葉を聞いたことはあるでしょうか。「言霊学」によると、「一霊」はこれを「ひ」と呼び、そのなかに「四魂」という四つの魂が入っています。生を得ているときは霊《ひ》が身体に留まっている状態です。「ひ」が留まるから、古来人間は「ひとまり」と呼ばれ、これが縮まって「ひと（人）」と呼ぶようになったと言われています。

霊が肉体から離れると、四つの魂はそれぞれ別々の場所に留まります。

一つは神のもとに帰る「幸魂《さきみたま》」。
一つは位牌に留まる「奇魂《くしみたま》」。
一つはお墓に留まる「荒魂《あらみたま》」。
一つは産須根の神のもとに帰る「和魂《にごみたま》」。

神様のもとに帰る幸魂を除いた三つの魂が、いわゆる幽霊となって見えるものです。お墓にいるとされる荒魂は寂しがり屋で、自分のことを忘れ去られるのがたまらなく嫌なのです。ですから、誰かが会いにきてくれるのを待っています。この荒魂が生きている人に訴えることは、「お墓参りに誰もきてくれない」「お墓が荒れている」という不満です。荒魂は誰かがきてくれさえすれば嬉しいのです。

しかし、子孫がお墓参りに行っているにもかかわらず、「誰も自分のところにきてくれない」と訴える荒魂があります。そういった荒魂は、遺骨がお墓に入っていない状態なのです。荒魂は、言霊学ではお墓に留まるとされてはいますが、実際には骸《むくろ》の近くに留まるものですから、お墓に遺骨がなければ、どれだけお墓参りをしても、荒魂の寂しさは慰められないわけです。

戦争で散った人の遺骨を、どれだけの人が持って帰ることができたでしょうか。戦艦大和のように、沈没を免れなかった状況で海の藻屑となってしまった人たちの遺骨は、どうなっているのでしょうか。お墓に入っていない荒魂は私に訴えてきました。

「俺たちの多くは、まだここにいる。まだまだ上がれない者が多いのに、なぜ祀りを止めてしまうのか……」

海には、そんな荒魂が数多く残っているのです。

食べものを求める奇魂

ある懇親会の席上、ゆっくりと話をしているとき、初対面の女性から「私になにか憑いていませんか」と相談されました。見てみると、確かに憑かれているようです。

私は、彼女自身で憑かれていることを実感したほうがいいだろうと思い、彼女に圧をかけることにしました。

圧をかけていくと、女性の胸からわき上がるものがあります。

「見えない声帯を上げてください」と、さらに強く圧をかけると、「腹が減った。飯をくれ！　塩にぎりじゃ」と、上品な女性が急に胡座をかき、右手の握り拳をテーブルにつけて、低い声で話しはじめました。

「塩だけでいいですか？　海苔はいりませんか？」

「海苔はいらん」

「他にはなにかいりますか？」

「酒じゃ、日本酒が欲しい」

「用意はしましたけれど、この人に食べさせても、あなたは食べることができませんよ。身体から出て、あちらに行ってください」

「……わかった。今後も飯をくれ」

「あとで、供養の方法をこの方に説明します。ありがとうございます」

このとき出てきたのは、位牌に留まるといわれている奇魂でした。奇魂は、食べ物や飲み物を欲しがります。私たちは、肉体があるあいだ毎日飲み食いをしてきたので、肉体がなくなっても食に対する執着はなかなかなくなりません。満足するまで食べ物をお供えすることで、奇魂の食に関する執着が薄れ、上のステージに上がれるのです。

そのとき、量に関わる問題が出てきます。

お仏壇はさまざまなご家庭にあるでしょう。お仏壇でのお供えは通常、小さなお仏飯になると思います。落ちついたご先祖であれば、少量のご飯でも満足するでしょうが、迷い続け、子孫や他人に頼るようなご先祖であったら、小さなお仏飯では足りない場合があります。

そういうときは、一度たくさんのご飯を食べてもらい、満足してもらって、落ち着いてから、小さなお仏飯に替えるのがよいでしょう。これが、私のすすめる「ご飯供養」という方法です。

お酒を欲する魂

ある日、こんな相談を受けました。

「父が最近、食事をとらず話もせず、お酒ばかり飲んで痩せ細っていきます。病院でみてもらっても、原因がよくわからないのです」

健康になにかしらの問題があるなら、私はまず病院での診察をおすすめしています。身体の不調は、なんでもかんでも霊が原因なのではありません。私は子供のころから毎日のように病院通いをして、何度も助けられています。

相談者は、すでに病院を受診済みで、なお困っている様子でした。霊障が原因であれば、病院での治療の見込みは少なくなります。

話を聞くと、ご先祖には「ご飯供養」をしているとのことです。

先に少し紹介したように、ご飯供養とは、先祖供養の方法の一つで、とくに空腹のご先祖向けに、ご飯を多くお供えする方法です。

ご先祖に直接たずねてみたところ、「お酒が欲しい」と言われます。問題のお父様の身体のなかに、お父様のご先祖が頼ってきているのでした。お酒がお好きだったのでしょう。お酒を飲みたくて仕方がないので、お父様に乗り移って、お父様の身体を使ってお酒を飲んでいるのです。

しかし、生きている人の身体を借りて、その人にどれだけ飲ませたところで、飲むのは生きている人ばかりで、ご先祖は一滴も飲めません。生きている人がいくら飲んだところで、霊となったものは飲むことも食べることもできないのです。それがわからないから、ご先祖はいつまでも飲ませようとしてしまうのです。

私は、相談者に、自宅の仏壇にお酒をお供えして、こう言ってくれるように言いました。

「このお酒を、お父さんにすがっているご先祖様にお届けください」

こうして言葉をかけることで、ご先祖はお父様の身体から離れ、満足するまでお酒を飲むことができます。

数日後、相談者から連絡がありました。

「あの日、家に戻ってすぐに、言われたとおりにしました。すると翌朝、父がご飯を食べはじめまして、表情も、もとの父の顔に戻りました」

人は死んでもなかなか変われません。

空腹にはなるし、好きなものは欲しいし、寂しいのです。肉体というオブラートがなくなりますから、感情もストレートに強く出ることになります。煩悩だらけです。

死ねば皆神になるから、優しく守ってくれる、と主張する人がいますが、そんなことはありません。もし今すぐあなたが肉体から離れたとして、すぐによりよい人になれるでしょうか。すぐに、誰かを守ろうという気持ちに切りかえられるでしょうか。

霊となっても人格はそのままです。肉体がなくなるぶん、生前よりワガママになるといってもいいでしょう。大切な人を守りたいと憑いてくれる霊もいますが、誰かを守る力もないまま、どうしていいかわからず、生きている人に頼るだけの状態になることが多いのです。

そうした霊の煩悩を減らすには、まずは満足してもらうことが一番です。食べものも飲みものも充分にお供えし、満足してもらえば、執着も少しずつ離れ、安心してあちらの世界に行くことができます。

宗教という執着

師は神道だけでなく仏教も区別なく修めていましたが、私は祝詞を中心に学んでいました。祝詞に加えて読経も学ぶとなると時間が足りないでしょうから、どちらかひとつに絞ったほうがよいと考えたのです。

師の元で修行を開始し祝詞を教わるうちに、古神道の祝詞のなかにご先祖を供養するための祝詞があることを知りました。そこで、たまにはご先祖のために祝詞で供養をしてみようと思いたち、神殿の前で祝詞を奏上しました。

ちょうど供養の祝詞が終わるころ、急に左腕に違和感が走りました。

「痛っ！」

左腕を見ると、直系五ミリほどの赤いできものが急激に広がっていきます。ひどい痛みと痒みが襲ってきました。神仏やご先祖からのお叱りであるとすぐにわかりました。

「私はご先祖のために祝詞を奏上したのですが、なぜお怒りなのですか?」

すると、聞き覚えのある声がするではありませんか。

「祝詞もいいけど、私の家は浄土宗だからね。祝詞ばかりでなく、たまには阿弥陀経も聞きたい」

祖母の声です。私は、はっとし、師に言われたことを思い出しました。

「人はその人の聞きたい言葉を聞きたがります。宗教はその最たるものです。自分の信じた宗教の言葉を聞きたいのです」

私は、祝詞を早めに切り上げ、すぐに阿弥陀経を開き、痒みをこらえながらお経をあげました。阿弥陀経を読むのには慣れていませんでしたから、そこここでつっかかってなかなか進みません。三十分ほどかけてようやく読み終えました。

終わるころには、痒みのこともすっかり忘れかけていましたが、左腕を見ると、赤みが消えていきます。一分もかからず元の腕に戻りました。たくさん不思議なことを見てきていても、自分の身体が変わるのを見るとあらためて驚きます。

人は、自分が信じたものが一番だと考えて、相手の好みもわからずそれを押しつけることがあります。

「私の知っている最強のお経だから、どんな人にも通じる。どんな人でも、このお経を唱えるだけで間違いなく安心して成仏する」

そういう考えの人はどこにでもいます。あなたの近くにも思い当たる人がいるかもしれません。しかし、信じているものがどんなにいいものでも、ご先祖は違う言葉を聞きたがっているかもしれないのです。

その家で代々信仰する宗教がある場合、子孫が勝手にその宗派を変えると、ご先祖が「勝手に変えるな！」と怒り狂い、子孫の血を絶やすことさえあります。

最高の教えに出会ったとして、自分だけが信じておこなうならご先祖はなにも言わないでしょう。しかし、ご先祖が信じたものを否定し変えてしまうのは、ご先祖の激烈な怒りに触れることがあると知っておいてください。

また、最近の日本人は信仰をダサいものと考えているようで、神仏を信じないとか、無宗教だからお墓も仏壇も要らないという人が増えています。私は、それ自体を取りざたするつもりはありません。

でも、考えてみてください。無宗教であるあなたの子孫が、宗教にはまったとしたらどうでしょう。あなたをその宗教のお墓に入れ、位牌などをつくってしまったとしたらどう思うでしょう。

「勝手に宗教に入れやがって！」という気持ちになって、怒りがこみあげてくるのではないでしょうか。

それと同じことで、ご先祖に押しつける「無宗教」も、ご先祖の怒りを買うことがあるのです。宗教にいいとか悪いとかがあるのではありません。人は信じたものに執着するというだけです。その執着の最たるものが宗教になることが多いということです。

ですから、ご先祖のためにも、まずはご先祖が信じたもので供養し、宗教という執着をはずしていくことが大切なのです。

家族の供養を代わってあげられるか？

「一時間もかからずに、部屋に置いてある盛り塩が溶けるのです」

という、風変わりな相談を受けたときのことです。

家を見てみると、確かに霊が集まりやすい土地ではありましたが、盛り塩が溶けるというほどではなさそうです。

敷地のすぐ横には、氏神とお墓がありました。お墓も、とくに訴えるものはありません。ご先祖の影響が強いようだったので、身体が悪い方がいないかどうかたずねると、お父様が頻繁に入院されているとのことでした。

お仏壇を見せてもらうと、ご先祖が数人座っているのがわかりました。

「ご先祖は、お父様にお経をあげて欲しいそうです」

「……父は、しないと思います」

「では、あなたがお父様の代わりにお経をあげてください。半分だけ、お父様がやったことと同じになります。ただし、あなたの体調が少し、悪くなるかもしれません」

誰かの代わりに供養をおこなうと、相手の持っているものを代わりに受けることになります。多くは家族のために苦しみをものともせず、供養をするのですが、家族とはいえ、本人の持つものを完全に肩代わりできるわけではありません。本人がどうにかしないといけないのです。

相談者の家では、その後一ヶ月ほどのあいだは、盛り塩が溶けずに残ったそうです。

執着する心

私の祖母は、生前俳句を趣味にしており、あまり生活感がなく、どこか浮世離れした人でした。私は十五歳から十七歳までの二年半、祖母と二人暮らしをしていました。祖母は毛筆の書を練習していました。書に没頭し、教科書を買い込み、一ヶ月も経つころには教科書が高校生のものになっていました。ここまですべて独学です。

ある日、私が学校から帰ると、なんだか部屋が暗いようでした。まだ日は暮れていないのに、おかしいなと思って電気をつけると、水場をのぞくすべての部屋に、毛筆で書かれた見事な草書がずらりと貼られているのです。窓にも隙間なくびっしり貼られていたので、灯りをつけなければなにも見えないありさまです。達筆なのですが、とにかく暗い！

祖母は「今度は篆書《てんしょ》よ」と、張り切っています。そんな没頭型の人間でした。孫の私にも、勉強しろとは一度も言ったことがありませんでした。生活にまったく干渉されなかったので、私の高校時代は一人暮らし同然でした。

そんな祖母が亡くなり、父の退職金で家を建て替えようとしたときです。母が、家の間取りを考えているうち、風水や方位のことが気になり、師へ相談をもちかけたのですが、師はおもむろにこう言ったのだそうです。

「お義母さんが、もったいないと言っていますよ。大黒柱にとてもいい杉の木を使ってあるそうです。この柱を、新しい家のどこでもいいから使って欲しいとのことです」

母は、言葉の通り、その木を新しい家に使ったそうです。

執着のなさそうな祖母だったのに、まさか大黒柱のことなどを気にかけ、師を通して伝えてくるほどに執着をするのかと驚いたのを覚えています。

思わぬものに人は執着を示します。趣味のもの、仕事道具、気に入って使っていたものなど……。しかし、あまり強い執着はこの世に留まる原因になってしまいます。

お金に執着していた人は、死んでも自分のお金の使い道をあれこれ気にかけるのです。執着とは恐ろしいものですね。

愛されたい魂

「喉に違和感があるのです。ご先祖が、なにか言いたいことがあるのでしょうか？」

一度だけ口寄せを経験されたことのある、Rさんが相談してきたときのことです。

私が圧をかけていくと、ひどく咳き込みはじめました。声を出すのも苦しそうです。圧を弱めると、口も緩んできたようでした。

「寂しい。誰もきてくれない」

自分の口から出た言葉にRさんは驚いた様子で、「お墓参りに行ったばかりなのになぜ？」と、怪訝な表情を浮かべていました。Rさんはお墓を田舎からアクセスのいいところに移し、これから頻繁にお墓参りをしようとしていたのに、意外な言葉です。

ご先祖は、「皆、土のなかに埋められています」と続けました。

お墓を新しいところに移す際、遺骨がお墓のあった場所に埋められ、それをコンクリートで固められていたのです。お寺などでは、遺骨をそのままにして位牌に御霊移しをおこない、新たなお墓に移動することがありますから、珍しいことではありません。

しかし、荒魂は遺骨の近くに留まり続けるので、ご先祖は新たなお墓に行けず、元のお墓のあった場所に置き去りにされていたのでした。

「もとのお墓の場所にきてくれますか？　私たちは誇り高い一族です。武士で医者。

その血を継いでいるのです」

「たくさんの花とお酒を供えてください」


言われたとおりにすると約束すると、そのご先祖は上がっていきました。

しかし、それで終わりではありません。まだ誰かが残っていました。ですが、なかなか出てこようとしません。「そこにいる方、なぜ残っているのですか？　横に怖い誰かがいるの？」と聞くと、そうだとうなずきます。

「横にいるものは前に出よ。隠れられるものではない。名を名乗りなさい」

「バレちゃ仕方がない。俺の名前は『カイト』だ」

カイトと名乗る悪魔が出て行くと、すぐに女の子が出てきました。

「この人はズルい。姉の私を無視して、綺麗で、なんでも持っていて、なんでもできて」

どうやら、残っていたのはRさんのお姉さんのようです。彼女に名前を聞きましたが、名前を付けてもらえなかったといいます。

水子の魂でした。母親を恋しがって、会いたいと思っていたのですが、それが伝わらないのでRさんにとり憑いていたのです。

彼女の「お母さんに伝えて欲しい」という願いを、Rさんは、きっと伝えると約束してくれました。

水子は、生きている子供と同じように愛されたがります。お団子やお菓子（小さく砕いた金平糖ほどの大きさにするといいでしょう）を欲しがりますし、生まれずとも両親のことはわかっています。

私の霊障の根本的な原因となっていたのも、生後四日で亡くなった姉でした。

母は、毎日ご飯やお茶を欠かさず、読経しお寺へ通っていたそうですが、祖母から、「そんなに死んだ子のことばかりしていたら、生きた子が生まれない」と言われ、それきり供養をやめてしまったそうです。

家に、姉の仏壇も位牌もなかったのはそういう事情だったのです。

それでは、姉が満ち足りるわけもありません。足りない気持ちが、私にさまざまな苦しみとして降りかかってきていたのです。

自死した魂

あるとき、老人ホームから消えてしまったお婆さんの捜査を依頼されたことがあります。お名前を聞き、捜そうとすると、いろいろな風景が見えました。お婆さんの歩いた場所のようにも見えましたが、それにしてはなんだか変です。

お婆さんは「待っている」と言います。誰を待っているのか聞いてみると「お迎えがくるのをここで待っている」と言うのです。人を待っているのではありません、自分の命がなくなるときを待っていたのです。

こういう場合は、見つけさせてもらえません。本人に、誰かに見つけてもらおうとする気持ちがないからです。

誰しも、苦しいときは、死んでしまいたい、楽になりたいと思うものです。しかし、死んでも楽にはなりません。

私は、依頼者にこう伝えました。

「今はこの人を捜せません。生きている以上に苦しいことが起きると知らないからです……。亡くなってしばらくして、助けを求められて、ようやく見つけられると思います」

自死した人は、ほとんどの場合、なにかしらの不安を抱え、生に絶望して、楽になる道として死を選びます。しかし、楽になることはありませんから、往々にして「こんなはずじゃなかった、助けてくれ」と、助けを求めてあらわれるのです。

死ははじまりにすぎません。永遠に続く時間のなかでは、魂の状態である時間が圧倒的に長いのです。一時的な生の時間は、まっとうしてこそ本来の価値があります。

自死は、かえって魂の執着が強くなり、その場に留まろうとしてしまいますから、成仏することが難しくなります。

自死を選んではいけません。どうか思い留まってほしいと思います。

永遠に続く魂の苦悩からは逃れられません。自死した霊を救うことはとても難しいのです。

お婆さんは、数日して老人ホームの裏山で遺体となって発見されました。

「こんなはずじゃなかった。苦しい、助けておくれ」

と訴えていました。悲しいことです。

今の時代にこそ供養が必要

先祖供養は昔から続けられていることで、とりたてて珍しいものではありません。多くの人がしっかり供養を続けてきました。

しかし、現代ではそうした供養も、迷信と片づけてしまう傾向があるようです。あなたはどうでしょうか。しっかり自分のご先祖に手を合わせていると、自信を持って言えますか。

自分のことは棚に上げるのが人間です。たとえばあなたが霊となったとき、自分は先祖供養などに興味がなかったにも関わらず、自分の供養がないことを不満に感じることでしょう。

迷い、すがってくる魂もまた同じです。自分の生前の至らなさはそっちのけで、「誰もそんなことは教えてくれなかった。でも、自分でもどうしようもないので助けてください」と、供養を懇願してきます。

また、生前に虐げられ残酷な仕打ちを受けた人は、なにに対しても無気力、無関心になり、「俺はもう疲れた。誰からも相手にされず、誰からも愛されなかった。もうなにもしたくない」と、子孫の身体に入り込みじっとしていることが多いのです。

こういう霊は、生前の感情や思いを引きずっていますから、肉体が亡くなったからといって、意識がよい方向を向くこともありません。

供養の機会が減り、多くの人の魂がこの世に留まることになると、人の住まう地上が汚れてきます。

そうなれば、多くの悪魔が居場所を求めて侵入してきてしまうのです。

現代は、老いも若きも、男女の区別もなく忙しい時代です。落ち着いてご先祖を供養する時間のない人が多いかもしれません。ですが、だからこそ、しっかりと供養をしていかなければいけないのです。

ご先祖に頼られたときにはどうするか

人にはさまざまな執着があります。食に関すること、趣向に関すること、信心に関すること、特定の人への執着など、生きているあいだに執着を捨てきれる人は多くありません。

人の魂が肉体から離れても、執着はなかなか外れません。すると、魂はこの世に留まることになり、生きている肉体を持った私たちに頼ることになるのです。

では、頼られた私たちはいったいなにをすればいいのでしょうか。ただ短絡的に、祓えばいいと思ってはいけません。とはいえ、そんなに難しいことでもありません。

肉体を離れたご先祖の三つの魂（荒魂、奇魂、和魂）それぞれに対して、お届けものをすればいいのです。

奇魂に対しては、食事やお酒など、欲を満たすものを届けましょう。先に述べたものに「ご飯供養」がありましたね。

荒魂に対しては、ただ会いに行き、荒魂の居場所であるお墓を綺麗にしてあげればいいでしょう。

和魂に対しては、お経や祝詞など、ご先祖の信じた言葉を届けましょう。

家族恋しさに戻ってきてしまうご先祖

不幸にも、身内を若くして亡くされたご婦人がいました。

そのご婦人は体調がすぐれず、身体のあちこちが痛み、通常の生活もままならないといいます。

「病院では悪いところはないと言われるのですが、痛みが取れないのです」

様子を見ると、どうやら亡くなった身内の方が彼女を頼ってきているようでした。

よく話を聞いてみることにし、圧をかけるとすぐに出てきました。

「家族が恋しい、心配だ」

「でも、ここにいてはご家族にも負担になります。罪をつくってしまわないうちに、はやく上がってください」

「わかりました。しかし、自分では上がれない。上がらせてください」

こんなやり取りをして、ご先祖を上げると、ご婦人は元気になり、帰っていきました。しかし、これで終わりではありませんでした。

ご婦人から、身体がまた痛くなると連絡がありました。

見てみると、前回上げたはずの身内の方です。

「家族が恋しいのです」

「でも、そこにいてはいけませんよ」

「はい、でもどうしようもないのです。誰かが手を摑んでいます」

もうおわかりでしょう。悪魔がご先祖をだまして連れ帰ってきたのです。すぐに祓い、ご先祖を救いましたが、翌日にはまた同様のことが起こりました。

救霊しても、執着が強すぎるとすぐに帰ってきてしまいます。また、このときのケースのように、悪魔や野狐にだまされて帰ってきてしまうこともあります。この方の場合は、家族や家への執着が強すぎたのでした。

執着を持った魂が何度も戻ってきてしまう場合は、執着がなくなるまで、何度も何度も同じことを繰り返さなければなりません。時間をかけて、気長に対応していかなければならないのです。

第四章　霊能

霊感と霊能

私は、霊感と霊能を分けて考えています。

なにか不思議なものが見えるから、霊感があるから、霊能者なのではありません。見えたものの正体を看破し、祓いきれるようにならなければ、真の霊能者とは言えないと思うのです。

不思議な言葉を聞くときも同じです。聞こえてくる言葉が、本当は誰の言葉なのか、本当に正しいことを言っているのか、ただのテストではないのか、そういうことを判断できなければ、霊能者とは言えないでしょう。

私の経験上、見えたもの、聞こえたことをそのまま鵜呑みにするのは危険です。神のような格好できたものが、よくよく見ると尻尾が生えた狐や狸であったり、ご先祖があたかも神や悪魔のように振る舞うこともあるからです。さらに、悪魔は嘘ばかりをならべたてて、こちらをだまし、信用させ、仲間に引き入れようとするでしょう。こうした、見える、聞こえるものの正体は、たいてい、自分の近くにいる低級霊がやってきていることがほとんどです。

そして、たとえ神であっても、人を迷わせ、テストする存在もいます。

あなたのなかにいる神は、あなたを試し、迷わせる神であるかもしれないのです。そうした神は強力でとても厳しいですから、あなたが修行をはじめようとしないかぎり、ずっと迷わされてしまうかもしれません。

神のテスト

「そなたは選ばれた人です。日本全国に『光の柱』を立てよ。日本全国、北は北海道から南は沖縄まで……」

内なる神の声が聞こえてきました。狐でも悪魔でもない、神の声です。

「光の柱って、なんですか？」

「大いなる宇宙の光じゃ」

「なぜそれを立てるのですか？」

「宇宙からの光でこの場を浄化しなければならぬ。そなたは選ばれし者じゃ」

「そんな大きな光なら、この場どころか、世界を浄化すればいいのではないですか。それに、そんなことは私がしなくても、神様のご意志でできることではありませんか」

「うん、おまえはよく物事をわかっておるようだ。よかろう」

スパルタな神様は、こんなふうに私たちをテストするわけです。

テストは幾重にも張り巡らされていて、そう簡単には終わりません。

ここで言われた「光の柱」とは、修行を開始した者にできる、頭頂から宇宙に向かう神様への光のパイプのことです。

つまり「光の柱を立てる」とは、「修行できる人を増やせ」とか、「光のパイプが伸びきるよう人を育てよ」という意味なのです。けっして、宇宙からの光が降りてくるわけではありません。

また、神が誰かを「選ぶ」こともありません。私たちは平等に機会を与えられています。それぞれが修行を積んだぶんだけ公平に光のパイプが伸びていき、力が与えられるのです。

神のテストとは、「自分の頭できちんと考えているのか」ということを測っているのですから、よく自分のなかで思考しなくてはいけません。ただなにもかも信じてはならないのです。

神のテストは、みずから気づくまで答えが与えられることはありません。気づけさえすればすぐに終わりますが、気づかなければ一生迷わされることになるでしょう。

鬼を見た娘

私には息子と娘がいます。

娘にくらべて息子の方が受けやすい体質であることがわかっていましたから、南西の裏鬼門に位置するところを息子の部屋として、伊勢の猿田彦神社で売られている御富岐玉を買い求め、他の手段とあわせて部屋に結界を張っていました。とはいえ、完全に防ぎきれるものでもありません。強いものは結界をものともせず侵入してきますが、それでも、なにもしないよりは身体は楽になるだろうと思い、できるかぎりのことをしてきたつもりです。

息子も娘も食が細く、毎日のように病院に通っていました。私は、ことあるごとに子供たちに気を入れてやり、体調を整えるようにしていました。

まだ娘が小学校に入ったばかりのころ、二階の一室を娘の勉強部屋として整えました。自分の部屋ができたことで、娘も一人で眠ると言います。

翌朝の用意やお風呂などをすませ、私が床についたのは午前二時前でした。夜型なので、零時前に就寝することは今でも稀です。

「ギャー！」

突然の叫び声で飛び起きました。娘です。部屋に駆けつけると、小さな手を窓の上の方に向かって伸ばし、指さしながら叫び、泣き続けていました。

「大丈夫、大丈夫。お父さんを見てごらん。怖いものはいなくなるよ」

そう声をかけ、視界をふさいでやると、しばらくして娘は落ち着きを取り戻してくれました。

この事件があり、娘もまた百鬼夜行《ひゃっきやぎょう》を見ることに気がついたのでした。

百鬼夜行とは、夜中の二時から四時にかけ、敷地の表鬼門から裏鬼門にかけて数多くの鬼が通る現象です。娘はこの鬼を恐れ、泣き叫んでいたのです。

とにかく、見えないようにしなければなりません。まだ娘は幼く、霊感があったとしても、それを霊能にすることができないからです。

まず、鬼門に「金神除災」のお札を置きました。百鬼夜行を止めることはできませんが、鬼を見せなくするだけならじゅうぶんです。そして娘の部屋も息子の部屋と同じく、御富岐玉の力を借りて結界を強化したのでした。

それ以降。夜中に娘の叫び声を聞くことはなくなりました。

はじめて「聞いた」声

幼いころに「見る」ことになった娘の話をしましたが、私も幼いころ「聞く」体験をしました。四歳くらいのときだったでしょうか。昼間、布団に寝ているときのことで、一人で留守番をしていたように記憶しています。

急に周囲がザワザワしました。人の声がしていたのに玄関が開いたようには思えませんでした。玄関は引き戸でしたから、開け閉めするたびに「ガラガラ」とすごい音がするはずなのに、それも聞こえません。

よく聞くと、声は天井からきこえてくるようでした。そう思ったとたん、笑い声がしはじめました。

「ワハハハ……」

「ホホホホホ……」

子供の私でも、子供の声でないことはわかりました。男性の声と女性の声です。

「だあれ?」と私が聞くと、声が途切れました。いったんは黙るのですが、しばらくするとまた笑い声がします。私は、今度は大きな声ではっきり「だ・あ・れ?!」と言いました。すると、声がなにかを言いかけました。

「おまえが……」

「ただいまー」

何者かの声に家族の大きな声がかぶさりました。家族が帰ってきたのです。その瞬間に声はかき消えて、そのまま二度と聞こえませんでした。なにを言いたかったのか、なにを言われるところだったのかはわかりません。

これが、私がはじめて「聞いた」体験です。

霊感は遺伝する

「娘がなんだか受けやすいようなのです」

という相談を受けました。受けやすいのは当時高校生の娘さんで、三人姉妹の一番上だといいます。霊感があるようなのですが、それをもてあまし、生活がしにくいようでした。

確かに受けやすい体質なのでしょう。また、感受性が強くて、いろいろな人に共感してしまうこともあり、学校にいくのが辛く感じてしまうこともあったと思われました。

相談してきたお母さんも受けやすい方でしたから、霊感の強さは遺伝かもしれないと思いました。霊感はしばしば遺伝します。

娘さんは、トレーニングを開始したお母さんの姿から、基本的なことを見よう見真似でマスターしていました。

「ここを見てください」と私の胸を指差すと、「すごく長い道があって、光る人が見えます……」と言うので、霊視はできるようでした。

「霊感と霊能は違いますから、しっかりコントロールしなくてはいけないですよ。まず自祓いをおぼえましょう」

ということで、娘さんもトレーニングをすることになりました。

霊感を持っているだけなら、だまされたり、迷わされたりすることはあっても、身体へのプレッシャーはさほどありません。

しかし、「受ける」状態は、身体にかなりのストレスがかかります。これに対処するため、コントロールするためにも、霊能を身につける必要があるのです。

「受ける」というのは、霊的なものを感じるだけでなく、それらが身体のなかに入ってきてしまうことです。

霊的なものを「受ける」

それでは、霊的なものを「受ける」と、人はどのような状態になるのでしょうか。高校時代の私の事例を例に見てみましょう。

高校時代の私は、それまでもあった霊障がますますひどくなっていました。頭痛がたえずあるので頭痛薬が手放せませんし、教科書なんてさっぱりわからないのです。読もうとしても、二行と持たず、頭が締め付けられます。意味を考えようとしても、思考が停止していてどうしようもありません。放課後はなにもすることがないので、ときおり街に出てはゲームに興じる毎日でした。田舎の町は店もまばらで、刺激もお金もすぐになくなりました。

両親と離れて暮らしていたので、行き場のない怒りをぶつける相手もいません。唯一発散できるのは、帰宅途中にあるスーパーで食料を買い込み、本屋で漫画や小説を買い、帰宅後それらを読み漁ることでした。不思議と漫画や小説なら、いくら読んでも頭痛に悩まされることがなかったからです。

ある晩、いつものように小説を読んでいると、急に頭の痛みが強くなり、後頭部から頭全体に広がりました。膜を張ったような痛みが、そのまま頭の内側に向かって襲ってきたのです。脳内部にまで痛みがズンズンと浸透してくるようでした。

普段とまったく質の異なる痛みでした。頭のなかに大きな握り拳ができているようで、頭を抱えて座り込んでしまいました。とてもこの痛みには耐えられないと思いました。

勝手に口が開き、嗚咽が出そうになりました。「叫んではいけない！」と、どこからか声がします。そんなことを言ったって、こんな痛み、誰が耐えられるというのでしょう。でも、言うとおりにせずもし叫んでしまったら、気が狂ってしまうかもしれないのです。歯を食い縛り耐えるしかありませんでした。

どれほどの時間が経ったのかわかりませんが、もうダメかもしれないと思った矢先に、痛みが引きました。私は、なんとか耐えることができたのです。

これほど苦しく、痛いのに、県下の大きな病院で精密検査をしても原因はわからずじまいでした。身体的な異常はどこにもないのです。

これが、「受ける」ということです。これが酷くなると、一般的な生活を送ることすら難しくなります。

金縛り

金縛りという現象は、みなさんもよく知っていると思います。私も頻繁に体験してきました。あれは動物霊の仕業で、霊障のひとつです。

私の受けたなかで、もっともひどい金縛りは、友人と二人である古びたアパートを借りたときに起こりました。

引っ越し当日、照明器具が足りないことに気づいて、大急ぎで近くの電気屋さんに向かいました。とにかく買って帰ってくると、小さなアパートの周囲はなにやら陰湿で、変なものがウヨウヨいるではありませんか。

「動物が多いな」とは思いましたが、そのときは忙しくてかまっている暇などありません。無事、部屋にも明かりがともり、荷ほどき作業のラストスパートにとりかかろうとしたところ、「ドン、ドン、ドン！」と、激しくドアが叩かれました。階下の住人です。

「あんたたちの歩く音がうるさくて眠れない。私たちは朝四時に起きるのだから、迷惑ですよ」

おや、と思いました。そんなにうるさくしていなかったはずなのです。不思議には思いましたがその場は謝り、しずしずと作業を続けることにしました。

そのうちに夜も更け、ベッドに横になってしばらくすると「キーン」という音が鳴り、あっと思う間もなく、全身が硬直し動けなくなりました。初日からこれです。案の定、それから毎日金縛りにあうことになりました。しかも、日が経つにつれて金縛りにあう時間が長くなっていきます。十分も続いたときもありました。

あまりにひどいので、意を決して原因を突き止めることにしました。いつもは怖くて目をつぶっていたのです。突き止めたからといって、当時の自分になにができるということもありませんでしたが、毎晩勝手にやられっぱなしでは気が収まりません。

その晩も、いつもの通り「キーン」と、部屋に緊張が走りました。じっと待っていると、窓は閉まっているにもかかわらず、窓から何者かがすごいスピードで部屋に入ってきたのです。それは咆哮とともに部屋の天井に留まり、次の瞬間私の胸に入ってきました。とたんに、身動きができなくなりました。

「これだ！」

目を開けたままでしたから、眼球だけは動かせます。部屋を見回してみましたが、他のものはいないようでした。なんとか動こうともがいても、まったく動けません。しばらく格闘していましたがどうにもならず、そうしているうちに「フッ」と身体から力が抜けました。

跳び起き、窓を開けてあたりを見回してみましたが、なにも見えませんでした。

友人が泊まりにきたときに、複数のものに身体に入られ、身体がグーっと上に持ち上げられたこともありました。友人の目の前で私の身体が宙に浮いたのです。力が戻ってくると、身体もベッドの上にドスンと落ちました。こんな具合ですから、階下からの苦情はやむことがありませんでした。

この状態がようやく変わったのは、霊的な修行を開始してからでした。師に指南された対処法は「枕の下に、ハサミなどの刃物を危なくないようタオルなどでくるんで置いておきなさい」というものでした。すぐに実行したところ、それっきり金縛りにあっていません。階下の住人から怒鳴られることもなくなりました。

金縛りにあうととても恐ろしく感じるでしょうが、実際はそんなに強い霊ではありません。身の回りにあるものですぐに対処できる程度のものなのです。金縛りで悩んでいる人はぜひ試してみてください。

狐憑き

お稲荷さんは怖い、と聞いたことはないでしょうか。私は師から「強くなるまでは、一人でお稲荷様に行ってはいけません」と注意されていました。「あなたは受けやすいから、使われてしまいます」というのです。

ある晩、師を含む仲間が集まって「お稲荷さんで修行をしよう！」という話になりました。集まったのはそうそうたる霊能者、老若男女あわせて十名ほどです。私はこれだけの人がいるのだから心配いらないだろうと高をくくり、参加することを決めました。当時はまだ二十代の若輩者です。

皆、お堂に上がって思い思いの場所に座り込み、祝詞を宜《の》りはじめました。私はお堂のちょうど中央あたりにいましたが、しばらくすると「ザワッ」とする気配がしました。左斜め後ろからその気配がしてきます。

振り返ってみると、仲間の女性のひとりが、右手首を曲げ、親指と人差し指を伸ばしたまま、耳元から口にかけて何度も手を往復させています。まるで毛づくろいをしている動物のようでした。

とっさに「狐だ」と思いましたが、私などより実績のある霊能者たちがそろっているのです。問題はないはずと思い、祝詞に集中することにしました。

ところが、気配は益々強くなっていきます。

ふと不安になった瞬間、「コーン！」と、後ろで動物の鳴き声が聞こえたかと思うと、大きな音を立てて女性が正座の姿勢のまま、私の左斜め前に着地しました。文字通り、着地です。その女性は正座の姿勢のまま、一メートルほども跳んできたのです。

そこまでくると、怖いという感情よりも滑稽なのが先に立って、私は吹き出しそうになりました。「早く祓ってあげなさい」と、師に急かされたのですが、おかしくてしかたありませんでした。

ほどなくして、女性は正気に戻りました。この女性は、自分の動作はおぼろげに覚えていて、あんなに跳ぶとは思わなかったと語っていました。霊を受けてしまうと、自分の身体であっても制御できなくなるのです。重度になればなるほど、無理な使い方をされて、苦しみを受けることになるのは明白です。

こうした事態を防ぐためにも、自祓いをきちんとできるようにならなければいけないのです。

「受けやすい」人の生活

「受ける」状態は、霊感に基づくものではなく、自分の意思とは無関係に身体に入り込まれることです。入り込んでいる悪魔が一ダースもいるなんてことも珍しくありません。

入り込まれてしまうと、自分で自分の制御ができず、パノラマ的に違う情景を見せられたり、眠れないほど、ひっきりなしにさまざまな話を聞かせられたり、身体を勝手に動かされたり、表現できないほどの痛みを感じさせられたりなど、身体に入り込んだ霊的なものから一方的に攻撃されます。

「受けやすい」人は、人混みに行くと体調が悪くなったり、会話中の相手から「受け」てしまって体調が悪くなったり、話題に出ただけの人でも、その人のことを考えると体調がおかしくなったり、一人でいても、誰かを思っただけでも気分が悪くなったりします。さらには、テレビやインターネットを見ていても体調が悪くなったり、人に触れただけで気分が悪くなるということもあるでしょう。

こうした人たちは、望むと望まざるとにかかわらず、いずれ神仏に手を合わせる生活を送ることになります。自分が強くなることで自分にとり憑いたものを祓い、最終的にはとり憑いてきたものが逃げ出すくらいに自分を高めるしかありません。

神によると、現世には三十万人に一人の割合で「受けやすい人」が誕生するのだそうです。

天指《てんざ》しの指

「両手の力を抜いて、テーブルの上に掌を下に向けて置いてください」とお願いし、しばらく話をしていると、左手の人差し指が少しですがテーブルから離れ、自然に上がっている人が出てきます。これを「天指《てんざ》しの指」と言います。

皆さんもはじめて聞く言葉かもしれません。あまり一般には使わない言葉ですからね。

天指しの指とは、「天から名指しされた指」という意味です。とはいえ、誤解しないようにしてください。天から特別に選ばれた印、ということではありません。

天から、「あなたは手を合わせなさい。祈りなさい」と指し示されているという意味です。嫌な言い方をすると、首に縄をつけられて、手を合わせることから逃げられないということなのです。

そういう人は、手を合わせなければ生きられませんし、そうした生活から逃げたところでいいことも起きません。逃げずに、運命を受け入れたほうがよいのです。

天指しの指を持っているのは、生まれつきの人が多いのですが、後天的に名指しされることもあります。手を合わせなければならない人は天に指名され、指がいつでも上がっている状態になりますから、自分がどんな目に遭っているのかわからないという人には、指を確認してもらうことにしています。

神の力を示せ

私自身も天指しの指を持ち、首に縄をつけられている一人ですが、あまり気にしたことはありません。気にしないでいても自然に上がってしまいますが、左手の指ですから生活に支障はありません。

その天指しの指が一週間ほど痛んだことがありました。そのときは「突き指でもしたのかな」と思い、気にしませんでしたが、ある日指を見ると、人差し指が親指側にひねりながら曲がっているのです。

驚きましたが、そういえば師の指も曲がっていたと思い出し、急いで電話で確認することにしました。

「先生、天指しの指が急に曲がって、指の腹が親指の方に向いているのです」

「あら、あなたもですか。不思議なことですね」

「これはどんな意味があるのでしょう?」

「これは『神の力を世に示せ』という知らせですよ」

その答えを聞き、今は安心して曲がった指を見ています。

神に不信感を持っていたご先祖の話

憑依体質を克服するためにトレーニングを受講したいという女性がいらっしゃいました。見てみると、彼女のなかに、目立つ三人のお姿が見えました。一人は女性で、十二単をまとっている美しい方です。もう一人はとても強そうな男性で、最後の一人は神主さんのような和服を着ている男性でした。おそらく、神主さんの格好の人がご先祖だなとわかりました。

受講を希望していたご本人は、身体の痛みがつらくてさまざまな霊能者を頼ったそうですが、自分でなんとかしなければならないという思いが強く、自祓いのトレーニングを希望していたのでした。

どうみても、本人の憑依体質は軽いものではありません。そのうえ、講師として人に接する職業でしたから、毎日多くの人からさまざまなものを受けてしまっていました。受けやすい人なのに、多くの人と接する仕事をされていたので、祓っても祓っても焼け石に水で、翌日には別の人から別のものを受け取るといった具合だったのです。

とにかく、目の前の問題を解決しなくてはならないと、圧をかけました。すると突然、口寄せがはじまりました。ご先祖らしき方が出て「修行は許さん！」と言うのです。

「神道の修行は許さん。こんな小娘が神格を上げるなど許さん！」

「この方が神格を上げれば、助かるのはあなたたちご先祖のはずです。なぜいけないのですか」

「とにかく神はいかんのじゃ」

「あなたも、神事をされていたのではありませんか。どうしてそのように言うのですか」

「神事をしておったからいかんのじゃ。わしは一生懸命神に尽くしてきた。修行をしてきた。なのに神はお答えにはならなかった。こんな小娘がわし以上になるなど許せん」

「あなたは、神の姿や神の声を、不思議なことだけを求めて修行したのですか？」

「わしは神主である。そんなことはない。毎日皆のため、神のために尽くした。なのに神は答えてくださらない。神など信用できん」

「あなたはご自分の姿が見えていますか。あなたは立派な神主の格好をしておられる。これは神があなたを認めた証拠ではありませんか。神と一緒になってあなたはこの女性に姿を見せたでしょう。あなたを神と見間違ったほどなのですよ。あなたは神に認められています」

この、神主の姿をした方のために祝詞を唱えると、両手を上げ、前に突き出す姿勢を取られました。神主の礼の姿勢です。

彼女のご先祖は、こうして上がって行かれました。

彼女の受けやすい体質はご先祖の影響でもあったようですが、同時に彼女は、徳の高いご先祖から助けられていました。長いあいだ霊障で苦しんでいたのにもかかわらず、肉体への影響は多少の痛みに留まっていて、病気にまで発展していなかったのです。

人は、霊的に影響を受けると変調が起きます。肉体的に病気になってしまったり、精神にまで症状が発生してしまったりします。

彼女のご先祖は、身体に入ってはいましたが、彼女を頼ってすがりついていたわけではありません。ご先祖にはすでに人を守る力があったのです。だからこそ神主の格好であらわれたのだとも言えます。

女性は長年の霊障に苦しんできましたが、ご先祖の力である程度までは守られていました。だからこそ、病気にまでは至らなかったのです。

人に触れる職業

アセンション・トレーニングには、医師をはじめ、薬剤師、看護師、介護士、理学療法士、柔道整復師などの医療関係者や、大学教授、教師、美容師、セラピスト、占い師など、人に触れ、人と接することを職業とする方が多くいらしゃいます。

霊的なものを強烈に受けるのは、人に触れたときです。こうした、人に触れることを職業とする人たちは、人を救おう、助けよう、楽にしてあげようと、相手になにかをしてあげたいという思いを持って仕事をされているのですが、霊的な側面から言うと、受ける状態を頻繁につくっていることになるのです。

とくに、人を助けようとすると、相手の身体のなかにいるものが、自分に移動してくる事態を引き起こしやすくなります。

もちろん、個人個人で「受けやすさ」というものは違うのですが、最近は人に触れる職業に就いている方のなかに「受けやすい」人が増えてきていると感じます。

たとえば、受けやすい人が医師として働くとどうなるでしょうか。日々患者さんたちから「受けて」しまうことになります。受けやすい人は受けにくい人より圧倒的に数が少ないですから、受けやすい一人に集中して憑いてきてしまうのです。苦しみを一人で引き受けてしまう事態になりかねません。

受けやすい人は霊感も発現しやすい傾向にあります。受けること自体が霊感の一種であるとも言えるでしょう。身体に影響を受けてしまうと、そのものを祓わないかぎり症状は改善できません。そうなると、自分で自分を祓うことがどうしても必要になります。逆に言えば、自祓いをマスターできれば他人に頼る必要がなくなります。

なにもかも完璧に祓うためには修行が必要ですから、一朝一夕にはできません。しかし、少しでも自祓いができるようになれば、自信も持てますし、受けても「自分で祓えばいい」と考えることができるようになりますから、必要以上に心配したり悩んだりせずに、焦らず対処できるようになるでしょう。

アセンション・トレーニングでは自祓いを徹底的におこなっています。悪魔にも対処できるようになった人もいます。

もちろん、祓うだけがアセンション・トレーニングの目的ではありません。トレーニングの真の目的は神格向上にあります。霊感を霊能に押し上げるために、日々実践し、助け合っているのです。

第五章　理《ことわり》

なぜ、「受けやすい」人が存在するのでしょうか。先天的なものに限らず、後天的に受けやすくなる人がいるのはなぜでしょうか。体質と言ってしまえばそれまでかもしれません。

なぜ受けやすい人とそうでない人が存在するのか、霊感はなぜ発現するのか、これらを説明するには、まず魂が永遠に存在するという話をしなければなりません。

輪廻転生

これまで述べてきたとおり、近年、人の魂はなかなか成仏せず、この世界に留まっています。つまり、仏教で説かれるような輪廻転生は簡単には起きないということです。

仏陀の生きた時代は精神性が高く、供養も万全で、すぐに転生できたかもしれませんが、現代では亡くなって四十九日内に血縁に子供ができたときでもなければ、死んだ魂が生まれ変わりとして別の身体に宿ることはできません。

亡くなって四十九日を経過した魂は、あの世へ旅立ちます。しかし、すぐに転生することはできません。さらに上の世界に上がることで、はじめて転生の権利を手にすることができます。

そうなれば、永劫の時間を魂の状態で過ごすこともできますし、輪廻転生を選ぶこともできるようになるでしょう。

これは、神々によって生み出された新しい魂がこの世界に続々と生まれてきているということでもあります。

神の命題

創造主はなぜ人の魂をつくったのでしょうか。

自分に似せてアダムとイブをつくったという話が聖書に出てきますが、その真意はわかりません。しかし、創造主はひとつの命題を出しています。その命題とは、「あらゆる魂は神になれるのか」ということです。

神が神を生み出すことは、古事記や日本書紀にも記述があります。

神が神を生み出すことができたことを確認された創造主は、動物や植物や人などのあらゆる魂が「神」となることを望んだのです。

しかし、神になるといってもそう簡単ではありません。途方もない話ですから、途方もない時間を平等にもらっています。あらゆる魂は、途方もない永遠の時間を生きることになっているのです。

魂の状態での修行

永遠の時間を生きる魂は、神になるための修行をおこないます。しかし、魂の状態での修行はとても長い時間がかかります。刺激がまったくありませんから、修行は遅々として進みません。

あの世の魂ですらそんな状態です。この世に留まる魂はといえば、強い野狐や悪魔などにだまされ、恐れおののいています。こちらは修行する以前の問題です。

こうした事情もあって、魂は私たちのような生きている子孫に頼ります。生きている私たちの供養で修行のスピードが加速するからです。

亡くなった人の修行を加速させることができるほどの供養ができる私たちは、魂だけの状態に比べて比較にならない刺激のなかで生きています。

何事も、成長させるには「刺激」が必要です。たった一人でなにかを高めようとするよりも、刺激が多いところで荒波に揉まれたほうが、より早く、より高い次元まで自分を高めることができるのです。孤独な天才がたった一人いるよりも、周囲に切磋琢磨できるライバルがいたほうが、より高い次元で競い合うことができ、全体のレベルすら押し上げてくれるのは自明の理でしょう。

つまり、肉体を持つこの三次元の世界は、魂の成長にはうってつけの、刺激ある世界であるということです。

創造主がこの世をつくったのは、魂に刺激を与え、切磋琢磨をうながすためといえます。魂の成長を加速させることを意図した場がこの世であると考えられます。

永遠の時間を持つ魂を神にまで高めるには、環境が整えられていることが大切だということになります。そのために、神によってこの世という環境が用意され、それを何度でも繰り返し使えるようにしてくださっているのです。

もちろん、本人の努力が必要なのは言うまでもありません。努力する意志を持った者にこそ、環境を提供する意味があるわけですから。

そうしてみると、生まれたての魂はともかく、一度この世を終えた魂、すでにこの環境を経験し終えた魂を、無条件に誰でも彼でも再挑戦させるわけにはいかないようです。努力し、決意してきた魂、「上がった」魂にのみ輪廻転生が許されるということになります。

自分のことは、すべて自分で決めている

肉体を脱ぎ捨てた魂はあの世へ行き、修行を開始します。しかし、この世に留まって人に頼るような、執着を捨てきれない魂は、ことあるごとにこの世の様子を見たがり、子孫の様子を見にきます。

その頻度は、ふつう年五回です。お正月、年二回のお彼岸、七夕、お盆です。これでもかなり多いのですが、執着がありますからしかたありません。子孫に対して度を越した執着があるときは、五回に限らず何度もくることもあります。先に、子孫に執着を持ったせいで、何度もこの世に降りてきてしまうご先祖の例を紹介しましたが、

あのような感じになってしまう霊もあるということです。

ともあれ、あの世へ行って修行を重ね、ある水準以上になると、人を守る力を得られます。この状態のご先祖を「守護霊」と呼びます。守護霊は他人ではなく、自分のご先祖なのです。

守護霊になるレベルまで到達すると、そのご先祖は道を選ぶことができます。

「このままここで頑張り続けて神をめざす」……ただしこれは、とても長い時間がかかります。

「再度誰かの子として生まれ変わる」……再び辛いことが待ち受けているかもしれませんが、努力次第で、神になるための時間を、うまくすれば百年ほどまで短縮することができるかもしれません。

あなただったらどうしますか？

人生では、多かれ少なかれ、辛いことが起こります。それをわかっていながら、成長のためといって転生に誘導する神様は厳しいように思われるかもしれません。

しかし、ほとんどの魂は修行に意欲を燃やします。永劫の時間を修行し続けることに比べたら、現世の修行なにするものぞという気持ちになるのでしょう。

たった一度の転生で、修行の時間をそんなに減らせるものなのか、と思うかもしれません。ですが、守護霊になるレベルまで到達し、輪廻転生の機会を得るまでには、どんなに早くても五百年から千年の時間がかかりますから、感覚としては修行の最後の一押しを現世で仕上げる、という具合になるでしょうか。ただし、現世での修行がそこまでうまくいくかはその人次第です。

また、生まれ変わると、それまでの血縁、子孫との関係は切れてしまいます。ご先祖の因縁も守りも、なにもかもまったく新しくなります。つまり、一人のご先祖の守りは早ければ七代で消える計算になるのです。

もちろん、生まれ変われば記憶もすべてなくし、身体も新しくなります。ただし、新しい身体になっても昔の記憶を思い出したければ、新しい身体に一緒についてきてくれる神様にお願いすれば大丈夫です。思い出すためのきっかけも、あらかじめ決めて、お願いしておくことができます。これらはすべて、あなたの意志で決まることです。思い出すも思い出さないも、なにをきっかけで思い出すかも、どのように修行するかも、自分自身のことはすべて自分のもっともふさわしいように、自分で決めてくるのです。

これが、霊感や「受ける体質」の本質です。

霊感は選ばれし証でも、誰かに与えられたギフトでもなく、たんなるきっかけに過ぎません。あなたが手を合わせ魂の修行に入るためのトリガーであり、修行を頑張り続ける原動力となるものです。「受けやすい体質」は、あなた自身でそう決めてきたものです。

今、霊的な事柄に悩まされてどんなに辛くても、それは誰の責任でもありません。なぜ私だけがこんな辛い目にあうのだろう、と、思い悩むばかりではいけません。それは、自分自身が自分に与えた魂の修行の契機なのです。

前世の意味

「前世であなたはこんなことをしたから、現世でこんな目にあっているのです」
「前世の因縁があるから……」
「前世で近い存在だったから……」
「前世でこれをやり残しているから……」

このように、前世について語る人は、すべてを前世に紐づけて考える傾向があります。

前世はたんなる前世です。真の目的である神への道のりの途中で、肉体を持つ機会が何度あったかという事実を示すだけのものです。前世の影響が現在にまったくないとは言い切れませんが、あなたの人生を左右するほどの影響はありません。

前世とは、つまり「あなたの修行がまだ終わっていない」ことを示しているのです。あなたに与えられた時間は永遠にありますから、何度でも生まれ変わることができますし、今回の現世が計画通りにいかなかったとしても大丈夫です。また五百年か千年修行を積んで生まれ変わればいいのです。この世に執着しすぎないでいれば、魂の観点からして、問題なくこなせるサイクルといえます。

地球は五十億年後くらいに消滅するとも言われていますから、地球がなくなった後は他の星に転生するのかもしれません。今は人間というかたちに転生していても、何億年か後には、別の星の生物として、映画で見るような異星人の姿に生まれ変わるのかもしれません。

神様からみれば魂は同じものですから、肉体の形状は重要なものではないのです。

後天的に発現する霊感

生まれながらに霊感を持っている理由はわかりました。
では、後天的に発現するのはなぜでしょうか。

後天的に得る霊感は、あなたの身体にはじめからいる神様の力によるものです。先に少しだけ、新しい身体に一緒についてきてくれる神様の話をしましたが、人が生まれてくるとき、私たちの魂のほかに、ついてきてくれる神がともに身体に宿ります。私たちの身体を守る神である守護神と、魂の修行を加速させる役割を持って教育を担う、スパルタ教育の神です。

すべての人には生まれたときから神が宿っているということです。修行によりそれらの神に認められるようになると、あなたのなかにいる神の力によって、スイッチが入ったように霊感が発現することがあるのです。

守護神

守護神は私たちの身体を守ると同時に、私たちに行くべき道を教えてくださる神です。しかし、その声はなかなか私たちに届きません。私たちは勝手に好きなことをしており、守護神にとってみれば、言うことを聞かないのが人間です。

守護神の声は、私たちには第六感として感じることになりますから、ピンときたときは己の直感を信じてみましょう。よく、女性は勘が鋭いなどというのは、女性は感性を重んじることが多いために守護神の声を聞きやすいことを示しています。

守護神は私たちの身体を守っているため、なかば身体に囚われており、身体から離れることはありません。守護神がいるかぎり、たとえ一時的に魂が身体から離れたりしても私たちは死なないのです。

私たちが寝ているときに、魂が身体から離れる現象は珍しくありません。私たちは気づいていませんが、身体から離れてフラついている魂を呼び戻しているのは守護神です。

身体に囚われているために守護神にも弱点があります。たとえば「神気《しんき》」と呼ばれる、私たちの身体のなかにあるエネルギーが枯渇すると力が出せず苦しみます。

悪魔などが私たちの身体に入ると、この神気がしだいに減少していきます。ご先祖が身体に入っても同じです。悪魔は守護神を弱らせ、人の魂を身体から追いやろうとします。人の魂を追い出して捕らえ、身体を我が物として操ろうとするのです。こうなっては守護神も弱り切り、身体を保つだけで精一杯になってしまいます。

長いあいだ悪魔にとり憑かれていた人を祓っても、その人が意識を取り戻さないことがあるのは、守護神の力が弱まっていて、魂を呼び戻す力が残っていないからです。


一方、守護神の前に立って、あたかも自分が守護神であるかのように振る舞い、私たちをだます存在がいます。それは、悪魔や野狐などの動物霊、そして私たちにすがってくるご先祖もまたそうなのです。彼らは、守護神や、そのほかのいろいろな神様を真似て私たちに話しかけてきます。

ですから、自分の身体から発せられた言葉であっても、相手が何者なのかを冷静に判断することが大切です。

こうした霊のなかには「守護神を入れ替えよう」などとそそのかすものまであらわれます。守護神が入れ替わることなどありえません。よくよく注意しましょう。


守護神の力を最大限に発揮するために、神気を充満させ、神格を上げる努力をしましょう。神気を保つ方法は、アセンション・トレーニングでもお話ししています。

スパルタな神

私たちの身体に存在するもう一方の神、スパルタな神は、私たちの魂の成長を促すために、徹底して試練を課し、その試練をクリアすることを要求する神です。この神はとても苛烈です。

神の要求する基準は厳しく、基準を満たしたものには優しいのですが、その要求を満たすことは難しいので、たいがいの人はスパルタ教育をされることになります。試練が苦しくとも、それをおこなっているのは神ですから、祓うことはできません。人の力ではどうしようもないことです。おとなしく神の求める行動をするよりありません。

神の要求は二つです。「神格を上げること」「神々について勉強すること」です。この二つ以外を求めてくる神がいたら、疑ってかかることです。なんでもうのみにせず、自分で考えて行動を起こさなければなりません。

霊感の発現や、受けやすい体質も、この神の発現によるところの大きいものです。力も強いですから、本来は、悪魔など軽く祓う力があります。

そんな強大な力を持つ神が身体にいらっしゃるのに、なぜ私たちの身体にご先祖や悪魔といった存在が入り込めるのでしょうか。これはひとえに、神が私たちを鍛えようと、試練を課しているからに他なりません。

獅子が自分の子供を谷に突き落とし子供を試すように、強大な力を持つスパルタな神は、私たちの身体に悪魔の侵入を許可しているのです。許可するだけでなく、わざと引き寄せていることさえあります。悪魔などを引き寄せることで私たちに気づきを与え、修行の道に入ることをうながしているのです。さまざまな迷いや試練を与えて、私たちを鍛える神なのです。

この神を知覚できるような人は、一刻も早く修行の道に入るのがよいでしょう。

この世は厳しく辛い場所ですから、創造主は、私たちが一人で生きることのないよう、守護神とスパルタな神を道連れとしてくれています。人によっては、他にもさまざまな神に見守られることもあるでしょう。そうしてこの世での修行を重ねるのです。

しかし、人は安易な方に流れやすく、怠惰なものです。たとえ最初はやる気まんまんでこの世に生まれ出たとしても、さまざまな刺激と誘惑に惑わされ、すぐに本来の目的を忘れてしまいます。

多くの人は、果たすべき目的があることも悟れないまま一生を過ごすことになりかねません。与えられる試練をただの苦しみと思ってしまわないよう、気づくきっかけにしていってほしいと思います。

神格を上げる

スパルタな神の要求の一つである「神格を上げること」は、創造主の要求「神になることをめざせ」ということに他なりません。

神格を上げる、というのは、つまり神に近づくことであり、徳を積むことです。徳を積むことぐらいで神に近づけるのであれば、簡単なことのように感じるでしょう。「私はなにも悪いことはしていないから大丈夫」と思いますか。悪いことをしないということと、徳を積むことは異なります。よいことをすれば徳はプラスになり、悪いことをすればマイナスになります。一つひとつの善行や悪行の積み重ねの総和が徳です。よい思い、悪い思いは積み重なっていきます。

さて、本当にあなたは悪いことをしていないのでしょうか。あなたの行動も、思いも神には筒抜けですから、一片も隠すことはできません。

よいおこないによる徳、よい言葉による徳、悪いおこないによる罪、悪い言葉による罪、日常生活でおこなわれるあなたの言動の一つひとつが積み重なっていきます。

これはとても細かなレベルで判断されます。あなたが外を歩いたとき、悪気なく意識せず小石を蹴飛ばしても罪であり、誰かにふと悪い言葉をかけても罪です。毎日の食事すら罪なのです。悪い思考も罪としてカウントされます。

その罪を凌駕《りょうが》する善行を積み重ねるのはたいへんなことです。朝起きて元気に挨拶すればプラス一点、朝食を取ってマイナス十点、登校途中に虫を蹴飛ばしてマイナス二点、誰かの悪口を言ってマイナス二点、誰かをいじめたらマイナス十五点、昼食でマイナス十点、綺麗に掃除ができてプラス二点、帰り道ケンカをしたらマイナス五点……。日々の生活で徳を積むのがいかに難しいことかわかるでしょう。反面、罪はいくらでも膨れあがっていきます。

生きていくために食の罪が毎日のしかかってきて、罪ばかり犯すのがこの世であり生活なのです。私たちは、生きているだけで多くの罪を犯しています。

「意識しないかぎり罪ばかりを犯すのがこの世。意識して徳を積まなければいけないのがこの世」

神格を上げるためには、世界は天国のような楽園ではなく、意識して徳を積まなければならない、制約のある、刺激にあふれた世界でなければなりません。私たちは神になるために、この世でたゆまず徳を積み続けていかねばならないのです。

徳の遺産

では、この世界に徳を積むためにきた魂のなかに、若くして亡くなったり、事故にあったりして、生をまっとうできないものがあるのはなぜなのでしょう。

自然災害や事故、戦争や病気など、さまざまな要因で多くの人が寿命をまっとうできずに亡くなっています。生まれてくることのできない水子などの魂もあります。大きな罪も犯していないであろう小さな子供が亡くなるのはどうしてなのでしょうか。

なぜこうもこの世界は不条理なのでしょう。

これは、古今東西ほとんどの宗教でかならず求められるテーマではないかと思います。しかし、この疑問に多くの宗教や最近のスピリチュアルの答えは曖昧です。

「神様の思し召し」

「お子さんが亡くなったのは、私たち親に気づかせるため」

そんなふうに言う人もいます。親にとって意味のある死であっても、亡くなった子供にとって、はたして自身の死に意味があったのでしょうか。

物事には必ず原因と結果があり、因果関係が存在します。神々の世界でもこれが崩れることはありません。この世は不条理のように見えますが、すべてにきちんと理由があるのです。

私たちが生まれたときには、ご先祖から徳の遺産を受け取ります。これには、マイナスの徳（罪）もありえます。さらに、血縁によって受け継ぐものと、養子縁組などによって家の縁として受け継がれるものがあります。

親から遺産を相続するときは、お金や有価証券、家屋や土地といったプラスになる財産の他に、借金などの債務も相続の対象になりますが、徳の遺産も同じように受け取ることになるのです。

大きなプラスの徳を受け継ぐことができれば、大きな運を得ることができますし、マイナスの徳を受け継いだ場合は、いつまで経っても運が向かないことになるでしょう。プラスの徳を受け取ることができれば、生まれながらに運がよく、なにをしてもうまくいく恵まれた人生になるというわけです。

ただし、自分は運がいいからと受け継いだ徳に胡座をかいて、ご先祖が残した徳を使い果たしてしまったら、その時点で徳の貯金は尽きてしまいますから、末路は推して知るべしといったところです。

食い潰す徳以上に莫大な徳を相続していることもあるでしょう。その場合は、一生苦労せず運に支えられるでしょうが、残された人が食い潰された徳のために苦しむことになります。本人も、生前どんなに運がよく楽をしてきても、死後そのツケを払うことになるかもしれません。

運悪くご先祖の罪が多くて、マイナスの徳を遺産として引き受けてしまった人は災難です。幸運を得られず、ご先祖からは頼られ、心身ともに苦労をすることになるでしょう。

どんなによいおこないをしていても、大きな借金を返すには年月がかかるように、負の遺産を解消するには膨大な時間と努力が必要になります。

一生負の遺産を解消できないままかもしれませんし、返済できるのが死の間際であるかもしれません。人生のある時点で返済が終わって、そのときを境にとても幸運になるかもしれません。

人生に幸不幸が同じだけある、というのは嘘です。マイナスの徳の遺産を解消できないかぎり運が向くことはありません。

この世でよいおこないをした人は、死して守護霊となり、子孫を守る存在となります。そうなればマイナスの徳も減っていることでしょう。自分がよいおこないをした報いは、自分はもちろんですが、とくに子供を守ってくれるのです。

徳が引き継がれるからこそ、これが可能になります。徳を積めば徳が、罪を犯せば罪が子供たちに返ってくるのです。

この徳の遺産の有無によって、あなたの運のおおかたが決まっているのです。

霊的な守り

ご先祖が守護霊となれば子孫は霊的に守られます。この守りが強ければ強いほど、自然災害や事故などで受けるダメージが軽減されます。

同じ災害や事故にあっても、かすり傷ひとつない人もいれば、亡くなる人もいますね。これは、当人の持つ徳の資産による運ももちろんありますが、守りがついているかどうかにも左右されます。

強く守られていればかすり傷ひとつなく助かり、守りがなく、さまざまなものにとり憑かれていれば、助かる確率は低くなってしまうでしょう。

人は肉体を持ったときから内に神々を宿していますが、その他にもいくつかの霊的な守りが存在します。

中心に守護神があり、その周囲に両親の守りがつきます。その周りにご先祖の守りがあり、さらにその外側からほかの神仏の守りがつくのです。

守護神は身体の中心にいて、あなたの身体を守ってくれます。両親の守りはなによりも強く子供を守ってくれますが、それが続くのは昔でいうところの元服の年齢、十五歳くらいまでで、それ以降は薄まります。

ご先祖の守りについては、正常に守りが機能するのは守護霊となってくれているときだけで、ただ頼ってくるだけのご先祖は守ってくれません。神仏の守りはご先祖の守りの外側ですから、ご先祖が身体に頼っている状態だと神仏の守りは届かなくなります。

ご先祖が身体に頼ってきていると、いくら神様に頼みごとをしたところで、ご先祖に邪魔をされた形となって、神仏には届かないでしょう。また、先にも述べましたが、ご先祖が身体に頼っていると、守護神の糧である神気が減少し、悪魔などの侵入を許しやすくなります。ご先祖が身体に頼っていると、人の守りそのものが非常に弱くなるのです。

こうした事態を防ぐため、まず供養によってご先祖に身体から離れてもらわなければばなりません。そして、ご先祖の守りがつくまでは神仏の力によって守ってもらうのです。

邪気を祓い、神気を補充すれば、弱っていた守護神の守りも復活して、健全で正常な状態に戻っていくでしょう。

徳を積む方法

自分や、子供たちの人生にとって、徳を積むことがいかに大事なのかわかってきました。では、実際に徳を積むにはどうすればいいのでしょうか。

徳を積む方法は、一口に言えばいいことをする、ということですが、いいことと言ってもいろいろあります。世のなかのために尽くすこと、人を助けること、神仏への奉賛《ほうさん》など……。

しかし、いちどきに多くの徳を積むことは、現代人には難しいと言わざるを得ません。ボランティアを年中できる人もいませんし、親孝行を毎日するというのも、家族のあり方が多様化した現代では難しい人もいるでしょう。募金も毎日はできません。意識して徳を積もうとしても、機会はそれほどめぐってきません。

徳を積むというのは簡単そうに見えて、機会がなければできないことです。歩きながら誰かを助ける機会を待っても、そう簡単にヒーローになることはできません。そもそも人間には生活がありますから、生きていかなければなりません。善行にのみ時間をさける人はいないのですから。

人を助けるのがもっともわかりやすい徳の積み方です。

では、助ける対象は、生きている人だけが対象になるのでしょうか。

「魂は永遠に生きる」のですから、肉体を持たない魂を救うことも「人助け」に違いありません。もっとも身近な魂とは、そう、自分のご先祖です。ご先祖は子孫に頼ってきていることが多い、つまりあなたに助けてほしいのです。

助けてほしいご先祖には供養が必要で、供養されると喜んで身体から離れます。先祖供養こそ人助けです。親戚だから、親族だからといって、人助けの価値がなくなるなんてことはありません。一番身近な、家族だからこそ、助けなくてはなりません。

先祖供養がもたらすもの

私の母方の父は信心深い人で、手を合わせる姿をよく目にしていました。反対に、祖母はあまり信心などには関心がなかったようです。そんな祖父母が亡くなってしばらく経ったころ、突然背中が重くなったことがありました。私はあまりの重さに直立できず、前屈みに押し倒されたようになってしまいました。

まるで背中に人がおぶさっているようなのです。亡くなった祖母だとわかりました。かたわらには守護霊となってくれた祖父がいました。

祖父はすでに守護霊となった存在ですから、祖母を引き上げることができるだろうと思いました。ところが、その祖父が「お婆さんを助けてくれ」と言うのです。私は驚きました。

「お婆さんはまだ下にいて、私は手出しができない。生きている人たちにしか助けられないのだよ」

と言われたのです。

魂どうしは、私たちから見ると同じところにいる存在のように思えますが、実際には住む場所が厳密に違い、一人ひとり独立しています。気になって、心配していても手出しはできません。生きている人間が縁を頼りに手を差し伸べる以外、助けることはできないのです。

そもそも、家族という絆でいるのは次の輪廻転生までで、その後はまったく違う人間となるのですから、家族を助ける先祖供養は立派な人助け。徳を積むおこないとなります。

「だったら、亡くなったすべての人のために供養をおこなえば、ものすごい徳が積めるのではないか」と思う人もいるかもしれません。あまりいい話ではありませんが、想像してみてください。たとえば、あなたがアジアのどこかの国の貧民街で誰かに施しをしたならどうなるでしょうか。

おそらく、たったひとりに施しをしただけで、我も我もと周囲の人たちが群がってきて、あなたは持ち物すべてを失ってしまうことでしょう。

同じように、亡くなった人たちを際限なく救おうとしても、あなたにはその人たちすべてを救うだけの力がありません。力もないのに実行してしまうと、自分の首を絞めることになってしまいますから、他人の供養をしようと安易に考えるのはよくありません。

多くの機会を失ったように感じましたか？

心配は無用です。あなたのご先祖のなかで助けを待っている人はたぶん、一人二人でおさまらないほどいるはずです。

そう考えると、自分のご先祖を供養するだけでも、多くの徳を積むことにつながるとわかるはずです。供養は毎日おこなえますから、供養を捧げるだけで徳を自然に積み重ねることができるのです。

それに、ご先祖が救われれば、いずれご先祖が守護霊となったとき、あなたやあなたの子供たちを守ってくれるでしょう。

先祖供養は、徳を積むと同時に守りを強くしているわけです。あなたと子孫の開運に直結していることにもなりますから、開運を願うのであれば、あなたのご先祖を供養によって助けることが、もっとも確実な方法なのです。

さまざまな悩みの原因とは

日々の先祖供養によって徳を積むことで、多くの人が抱えている悩みは七割から八割方解決していくでしょう。悩みの原因の多くはご先祖が頼ってきていることによるからです。

病気などもそうです。ご先祖が頼ってきて神気が減少し、神気の減少により身体の機能が低下し、機能が低下することでさらに外からの霊的な侵入を招き、これらが悪循環となって、免疫低下の要因の一つになってしまっています。

結婚や出産も、ご先祖が苦しんでいるとなかなかスムーズにはいきません。

一昔前の日本では、女性が嫁いでいくとき、「実家のことは気にしないで、嫁ぎ先のことを一生懸命やりなさい」と言われて送り出されていましたから、嫁いでいった娘は実家のご先祖についての手当てがおろそかになりがちでした。必然的に、母親のさらに母方のご先祖は供養が薄くなっていることになります。

ですから、「結婚したい」という相談を受けるときは、ほとんどの場合、本人のお母さんの、さらに母方のお婆ちゃんのご先祖を優先しておこなうのが、問題解決への早道となるのです。

徳、供養、そして修行

さて、ご先祖への供養は、あなたの神格を押し上げ、守りを強くする強運への近道であることを述べてきました。

ただし、徳を積むことによって神格が上がるとは言うものの、先祖供養による徳だけだと、神が要求する神格まですぐには行けません。

一方で、悪魔は神仏やご先祖の守りを飛び越えて侵入してきますし、救われるのを待つご先祖も、守護霊に変ずるには時間がかかります。

すべての悪魔を完全に撃退する霊能力は、あらゆる神の力を借りるほどの神格まで自分を引き上げなければ発揮することはできません。もちろん、神の力を用いて撃退していただくのですが、その神の力を充分に通わせることができるかどうかという点が問題になってきます。誰でもが神の力をすぐに十全に発揮できるわけではありません。助けてもらうにも、その方法を学ばなければならないのです。つまり、修行が必要なのです。

また、四六時中なにかを受けて苦しむ人は、ご先祖が守護霊となるまで悠長に待つ時間はありません。神仏に頼って助けてもらいながら、なんとか神格を上げて訓練することでしか対応できません。

つまり、神の力を通すパイプを神格を上げることで太くし、深淵な神々にまでそのパイプを届かせることを学ぶのです。より強く、より多くの神々に力を借りるための方法を修行によって学ぶのです。

第六章　見えない世界

創造主の意図する世界

この世にはさまざまな宗教があります。

ユダヤ教、キリスト教、イスラム教のような、唯一絶対の神を信ずる宗教。一方で、仏教、ヒンズー教、神道、道教などのような多くの神々を信ずる宗教もあります。

宗教によって考え方は異なりますが、どんな宗教であっても私は気にしません。なぜなら、多くの神々は唯一の神である創造主から生まれ、唯一の神は同時にどのような神にでもなれるし、すべての神は一所《ひとところ》に集まることができると知っているからです。

創造主は全知全能です。「なんでも知っていて、なんでもできる」のです。

あなたにとっての神がどんな姿なのか、どんな言葉を伝えればあなたが神の意に沿って働くかを知っています。ですから、神はあなたが信じる姿であらわれるのです。あなたが信じる姿であらわれた神と同じものが、同時に別の場所で別の姿をとってあらわれることも、なんらおかしいことではありません。それが全知全能の神です。

「あらゆる魂は神をめざさなければならない」

というのが、創造主たる全知全能の神が示した命題でした。もしかしたら、神様は寂しいのかもしれません。

創業者や多くの先達は、自分の後継者を育てようとします。自分のコピーを育てて仕事を任せ、事業を維持拡大していく人材を求めています。それがみずからの存在意義の証明になるからです。

あなたが創業者だとしましょう。跡継ぎを選ぶとき、あなたはどのような基準を持つでしょうか。自分の子供たちから選ぶのでしょうか。それとも、意志を継いでくれる優秀な人を選ぶでしょうか。

神は、全員に平等に機会を与え競わせています。そして、「これは」と思う人物にはさらに厳しい環境を与えてテストしています。

魂に寿命はない

魂が肉体を持ち人として活動するのは、どんなに長くても百年ちょっとです。肉体の寿命は、現代の医療がさらに発展したとしてもそうそう延ばすことは難しいかもしれません。

しかし、魂に死はありません。

私には生まれてくる前の記憶があります。

真っ白な頭からかぶる服を着た子供たちがズラリと一列に並んでいました。みんな同じ背の高さです。背が高く細身の男性が、子供たちの列が乱れないように等間隔でそれぞれの横についています。

先頭と思われるところには白髭のお爺さんがいて、子供にお話をしているようでした。

景色もない真っ白な空間です。男性も、白髭のお爺さんも、子供たちと同じ真っ白な服を着ていましたから、顔や手にしか色がない世界でした。私の順番が近づいてきます。私より前方にいた子供たちはかき消えていきます。

私の番になりました。お爺さんが私に声を掛けました。

「下を覗いてごらん。この人たちのところへ行くんだよ」

私は言われるままにチラリと下を覗いて、「うん」と答えました。すると次の瞬間、景色が変わり、私だけが入れる小さなドームのなかに入っていました。

私は仰向けになり、両手を胸の前で重ねています。

どこからか声が聞こえています。外の景色もおぼろげに見えるようでした。

最後のあたりは、胎内に入ったときの記憶なのでしょう。前方にいたはずの子供たちの姿がかき消えていたのは、全員誰かの胎内に入ったからなのだと、成長するに従って理解できました。

つまり、肉体を持つ前から、人としての魂は存在していて、生まれる順番を待っているのです。下界をのぞき見したときに異議を唱えていたら、きっと他の家族の元で生まれてきたにちがいありません。

神はみだりに心をのぞかない

最近は、なぜか龍がはやっているのだそうで、龍という文字がつけばなんでも売れるという話を聞きます。

龍とは、龍神様といわれる神で、さまざまなご供養物や私たちの言葉を相手に届けてくれる、メッセンジャーのような役割を担っています。私たちがご先祖に対して祈るとき、その言葉は御使いたる龍神様が運び、届けてくれるのです。このとき、私たちが発する言葉のそのままに届けてくださるわけですが、文字どおり「言葉のとおり」であって、心の声は聞いてもらえません。ですから、言葉を少しでも間違うと、こちらの意図が通じないどころか、まったく逆の意味になってしまうことさえあります。

「心で念じているから神様には通じているはず」という甘い考えは通用しません、きちんと、正しく発しなければ聞き届けてもらえないわけです。

神様相手とはいえ、心で思っていることすべてを知られたいと思う人はそうそういないのではないかと思います。心のなかをすべて見透かされるなんて、ぞっとしません。

だから、龍神様も最初から心のなかをさらっていくことはしません。「まずは言葉に出すことだけを聞いてあげよう」と、決められています。ちゃんと聞いてもらおうと思えば、きちんと言葉にしなければならないということです。

私たちのめざす状態は、心で思うすべてを聞かれていても問題ないくらいの状態になることです。つまり、神が身体に入って心をすべて読み取られても構わないレベルになることです。

修行中に遭遇した不思議な出来事　その1

宮崎県都城市にある東霧島神社《つまきりしまじんじゃ》は、天孫降臨の地、霧島六社権現の一つです。霧島元宮（高千穂の峰）を別格として、霧島神宮、東霧島神社、霧島東神社、夷守《ひなもり》神社（霧島岑《みね》神社に合祀）、霧島岑神社、狭野《さの》神社の六社が霧島六社権現と呼ばれています。どの神社も格が高くすばらしい神社で、元宮の麓にある御池《みいけ》を加えて、修行の場として参拝していました。

東霧島神社は伊邪那岐神を主祭神としており、鬼が一夜にしてつくったと言われる「鬼岩階段」や、伊邪那岐神の涙でできたとされる巨石「神石」、樹齢千年の「招福大楠」などで有名です。

修行の初期のころ、東霧島神社に参拝し「神石」の前に立って、軽い会釈をしたところ、急に「頭《ず》が高い！」と、大きな声で叱られてしまいました。

何事かとうろたえるうちに、すぐにその場でひざまずかされ、頭を地面にこすりつけんばかりに下げさせられます。そのころの私は修行をはじめたばかりでしたから、神社での礼儀や神々に対峙するときの心得を充分に身に着けていませんでした。それで礼を失してしまい、叱られたのです。

恐縮する私に、神は「『禊大祓』を一巻あげよ」、「『大祓い』を三巻あげよ」と命じました。私がそのとおりにすると、最後に「両手を出しなさい」と、ずっしり重い棒のようなものを渡されました。

「これは折れない金剛の杖である。これから修行をするそなたには必要なものである」

そう声がして、押さえられていた強烈な力がなくなり、やっと顔をあげることができました。

修行を進めることは、言わば「山」を登るようなものですから、杖がないと滑り落ちてしまうかもしれません。

駆け出しの私に、神のくれたありがたい施しであったと思います。

修行中に遭遇した不思議な出来事　その2

梅雨時期になると思い出すことがあります。

神社巡りを師や仲間とやっていた時期のことです。霧島神宮本宮があった「高千穂の峰」という山があります。ここは古事記にも出てくる「天孫降臨」の神話で知られています。天照大神の孫であり天皇家の祖と言われる「邇邇芸命《ニニギノミコト》」が降り立ったと言われる場所です。

霊山であり、パワーにあふれていて、その山を登るだけで大きな徳をいただけるとも言われていますから、そこで修行すればすばらしい力をいただくことができます。それで、私は師と仲間十人ほどで連れ立って、山の麓《ふもと》で修行をすることになりました。

その日は珍しく、移動中に小雨が降っていました。私たちのように修行する人間には、ふだんなら「天空の傘」という見えない傘がいただけるので、私たちを雨から守ってくれます。こう書くとなにやらおとぎ話のようですが、実際に車での移動中に雨が降っていたとしても、車から降りて神社でお祈りすると、そのあいだだけ不思議に雨が止んでくれるのです。

しかし、この日は違っていました。駐車場に到着しても、しばらくは雨宿りを余儀なくされたのです。

とくに師は雨に濡れることを極端に嫌っていて、雨粒が少しでも服に当たるとすぐに着替えてしまう人でしたから、じっと雨が止むのを待っていたのですが、師はしびれを切らして、とにかく祭壇のところまで行くことになりました。

傘をさしてもどうしようもなく、私は心配半分焦り半分です。

祭壇のところまでゆくとやっと雨が止み、私たちはほっとしてお祭りの準備にとりかかりました。師は、「もし雨が降ってもこのまま続けます」と言います。私はずぶ濡れになるのを覚悟しました。

しばらくすると、また雨音が迫ってきました。覚悟を決め、目を瞑ってそのまま祈りを続けました。だんだん雨音が近づいてくるのがわかります。でも、おかしいのです。いくら経っても雨に濡れる感覚がしません。たしかにすぐ横では「ザーッ」という強い雨音がしているのに……。

いぶかしく思った私は、そっと目を開けてみました。すると、あたかも私たちを避けるように、雨が目の前で二手に分かれているではありませんか。私たちの後方では、二つに分かれた雨が繋がっていました。

横を見ても、後ろをみても雨が降っているのに、私たちの周りだけ、切り取られたように雨がよけていくのでした。

これには驚かされましたし、神のなされる業としか私には思えませんでした。なぜこのような事象を見せられたのでしょうか。

実は修行仲間のなかに「天空の傘」の存在を疑っている人がいたようです。ひいては、神という存在に対しても疑念を抱いていたということですね。その人に向かって、神の御業を見せられたのでした。

聖書に、モーゼが海を割った記述がありますが、この避ける雨を見せられた私は、各地に伝わるこうした神話、奇跡の業というものを、簡単に否定できなくなりました。

修行中に遭遇した不思議な出来事　その3

私たちの守護神は、星の配置に影響を受けます。節分を境に星が変わるので、私たちは節分の前に「星祭り」というお祭りを毎年おこなっています。

ある年の星祭りの前夜、すべての準備が終わったのは夜の九時を過ぎていました。車で宿に戻ろうとしたとき、「空を見よ」という声が聞こえました。

空を見あげると、綺麗な満月に光る筋が交差し、大きな五芒星を描き出していました。

「星祭りだ！」

と、自分でもビックリするくらいの大きな声が出ました。

これが本当の星のお祭りなのだ、私は星が変わることの意味をわかっていなかったので、それを指し示されたのだと思いました。

空に描かれた雲の模様、光の線など、空はさまざまに変化します。たまたま偶然そのように見えただけで、なんの意味もない、と思う人もいるかもしれません。しかし、問題は現象そのものにはありません。大切なのは、不思議な一瞬の状況をそのときだけ「見せられる」ところにあります。

同じ状況に気づけない、気づかない人が多いなかで、見せられたものに気づいたことが大切なのです。

神はいろいろな場面で私たちに気づきを与えます。その姿が雲で形づくられた瞬間、煙でつくられた瞬間、蠟でつくられた瞬間を見せるのです。

修行中に遭遇した不思議な出来事　その4

私は、今の仕事をする以前は普通の会社員でした。営業職で、出張の多い毎日を送っていました。出張先で多くの人と話をするので、接した人の受けているものを自分でも受けてしまって、身体がつらくなることが多かったのです。

ある日の出張先ですべての予定を終えるころには、身体を動かすのも困難になるくらいでした。気持ちが悪いのでバスもタクシーも乗りたくありません。仕方なく、しばらく歩いて回復を待とうと思ったのですが、受けたものが多すぎたようで、しだいに歩くのも困難になってきました。

そんなとき、大きな神社に行き当たりました。住吉神社です。

こんなに悪いものを受けていては、神社の敷地に入ることすらはばかられるのではと思いましたが、苦しさには耐えられず、鳥居の前で「こんな状態ですみません。どうか入らせてください」と、お辞儀をしながら鳥居をくぐった瞬間です。「バン！」と、背中を叩かれた感覚がして、ぱっと霧が晴れたように身も心も一瞬でスッキリ、楽になっていました。神社ってこんなに清々しいところなんだと、あらためて感じるくらいの清浄感でした。

正殿に着くころにはすっかり元気になっていたので、祝詞をあげ、清々しい気持ちで帰路に就きました。鳥居をくぐって戻ってくるまで、ほんの十五分ほどの出来事でした。

第七章　神になるために

あらゆる魂は神になることを求められているということ、そのために神格を上げる先祖供養の必要性もすでに述べました。

しかし、これらは長期的には効果があっても、今、苦しみとして降りかかっている悪魔などを解決することはできません。そこで必要になってくるのが修行です。

修行をすることは、悪魔から身を守るだけでなく、神格を上げることに直結していますから、私が今まで述べてきたことは修行も含めてすべて「神になる」ための道と言えるでしょう。

修行といっても、いきなり滝に打たれに行くことではありませんよ。自分の身体を痛めつけるような修行は不要です。あなたの身体には守護神などさまざまな神がいるのです。神が住む身体を痛めつけることに意味はありません。

創造主の分霊が入るとき

さて、話を戻しましょう。修行にもいろいろな段階がありますが、めざすのは、神にあなたの身体に常駐してもらうことです。わたしたちの身体には生まれながらに守護神やスパルタな神は常駐していますが、ここでいう神はそれらとはまったく別の神のことです。一時的な神々の出入りは修行の比較的早い段階で起きることですが、出入りではなく、常駐してもらえる状態をめざしましょう。

このとき、もっとも先に入って助けとなってくれるのは、創造主の分霊です。創造主の分霊は、私たちが生来宿している神とはレベルが異なります。

神が入るとは

真言密教の開祖弘法大師空海が、四国の室戸岬の岩窟で虚空蔵求聞持法《こくうぞうぐもんじほう》という秘法を修了したとき、明けの明星が口から身体のなかに入ってきたという伝承があります。この、大いなるものと身体との一体の体験が、即身成仏（修行者が肉体のまま悟りの境地に達する）という教えにつながっていったことは間違いないでしょう。その後、空海は遣唐使として唐に渡り密教の伝承者となり、帰国後高野山で真言密教を開きました。

また、古神道では「神璽《しんじ》が身体に宿る」と言って、神が身体のなかに宿ることを秘技としてきました。

このように、私の提唱する修行もまた、神の分霊……とくに、まっさきに降りてきていただける創造主の分霊を身体に宿すことを目的にしています。

では、どのような条件が整えば創造主の分霊に宿っていただけるのでしょうか。

第一の条件「身心の清浄化」

わかりやすいように、あなたの身体を一台の社用車として考えてみましょう。創造主の分霊は偉い会社の社長や会長さんみたいな人で、あなたはそれを乗せる社用車です。社長さんをお迎えするために、あなたならどんな準備をするでしょうか。

まず、汚れた社用車はいけませんね。外側はピカピカに磨いて、車内はゴミ一つ落ちていないような清潔な状態を保つでしょう。いつも綺麗な状態であるために、洗車や掃除をしなくてはいけません。

創造主の分霊を迎えようとする身体も同じことです。外側の汚れを祓い除き、内側の汚れはふだん何気なく犯している罪などですから、常にそれを洗い流し、綺麗に保つようにしましょう。

第一の条件は祓いによって「身心が清浄化」されていることです。祓いが常におこなわれている状況でなければいけないということです。

修行していると、創造主でない神も身体に入ってくることがあります。常に清浄化の状態を保てていなくても、一時的に清浄化されれば神々は身体に入れるようになるからです。しかしこれは一時的な出入りにすぎません。どの神も、創造主の分霊が身体に留まるようになってはじめて、あなたの身体に常駐してくれるようになります。

第二の条件「創造主の思考に近づく」

さて、車のたとえを続けましょう。身体が車なら、運転手はあなたの魂です。社長さんは後部座席に座りました。社用車は走りはじめます。目的地に着くまでのあいだ、社長は忙しく他の仕事をしていて、運転手であるあなたは、あらかじめ行き先を承知していて、社長に話しかけることなく運転を続けることでしょう。

これは少し難しいかもしれませんが、創造主にいちいちうかがいをたてなくても、あなた自身が、どこに行けばいいのか、なにをすればいいのか、基本的なことを承知していなくてはならないということです。

創造主の考えること、創造主の出すであろう結論について、理解していなければいけないということです。つまり、今までに説明してきたような、魂のしくみ、徳や神格についてなどを、よく承知しておく必要があるのです。

第二の条件は「創造主の思考に近づく」ことです。

第三の条件「常に冷静で穏やかであれ」

あなたは運転手ですから、社長さんの目的地まで運転しようとするでしょう。そのために、アスファルト舗装もされていない道や、穴の空いたガタゴト道なども走らねばならないかもしれません。

悪路を走り、大きな揺れに見舞われたとしても、車内はできるかぎり静寂で揺れの少ない状況にしなくては、社長さんは安心して乗ることができないでしょう。あなたは、サスペンションの利いた高級車でなければならないのです。

人生は苦難に満ちた旅ですから、平坦な道もアップダウンも落とし穴だってあります。こうした外界の状況にも冷静に対応できる「不動心」を養わなくてはなりません。感情の起伏を抑え、海面が凪いでいるごとくに穏やかな心を保つのです。

第三の条件は「常に冷静で穏やかであれ」ということです。

この三つの条件を満たしていないと、創造主は身体に宿ることができません。汚いボロボロの車には乗ってもらえませんし、運転手が赤子のような思考では危なくて乗れないでしょう。道行を快適にする努力も怠ってはいけません。

あなたが高級車になったとき、その状態こそ「悟り」と呼ばれるものなのです。

悟り

たとえ悟りを得ても、光が降るわけでも、レベルが上がるアナウンスがあるわけでもありませんから、あなたはおそらく、まったく気づかないでしょう。創造主の分霊がいざ常駐するという段になって、「そなたは悟った者。入ってしんぜよう」と、言われてはじめて気づくことになると思います。

三つの条件が達成されるころには、それがあなたにとって自然な状態になっているはずだからです。

身も心も浄化され、創造主に近づいた思考になれば、いろいろなことに迷うこともありません。常に冷静で動じない平安な状態で、心も「しーん」としているでしょう。

もちろん、こうした状態に完璧や完全というものはないので、車にたとえると、とりあえずクラウンクラスの高級車になれれば創造主が入ってくると考えてください。さらに上をめざすことだってできます。

あなたがめざすのが、レクサスなのか、ベンツなのか、ＢＭＷなのか、ポルシェやフェラーリなのか、ロールスロイスなのか、ベントレーなのか。高級車のなかにもランクがあるように、神に近づくためにめざす悟りのランクも、個人で変わってくるものです。

悟りの定義は「迷いがなくなること」だと言われています。迷いがなくなった状態は、私の挙げた三つの条件を満たしていることだと言い換えられるでしょう。

三つの条件を満たすことをもって悟りとし、悟ると創造主の分霊が身体に宿ることになります。つまり、「悟った人」は一様にその身体に「神を宿す」状態になるのです。もちろん、宿る神は創造主の分霊だけに留まりません。創造主の分霊を皮切りに、あらゆる神々の分霊が猛スピードで宿ることになるでしょう。

空海の説いた「即身成仏」は真実です。

悟った状態にいると、神々の力をダイレクトに引き出すことができますから、思考は一瞬です。ああでもないこうでもないとゴチャゴチャ考えていると「静かにせよ」と、逆に叱られてしまいます。

とくに過去のことを、ああすればよかった、こうしたほうがよかったなどと考えていると、「終わったことだ。うるさい」と言われてしまいます。

救済の行

悟りを最終的な目標のように考える人が多いと思いますが、悟りを得て多くの神々が身体に宿りはじめると、神々は「そなたも、こちら側にこい」と言いはじめます。神の仲間となれという要求がなされるのです。

しかし、神と人とのあいだには決定的な差がまだ存在しています。

それが「徳」の絶対量です。これぱかりは悟りを得てもすぐに増やせるものではありませんから、悟ったからと言ってそれで終わりにはなりません。

続いて課せられるのは徳を積む修行、「救済の行」です。

自分一人のためだけの修行なら、どなたか一柱の神に宿ってもらうだけで身にあまる力を得られますから、多くの神々がこぞって身体に宿る必要はありません。それなのに神々は悟ったものの身体に次々と宿り、ときには持てあますほどの大きな力を与えようとします。これは、悟ったものが、その力を人々のために使い、人々を救いなさいという示唆です。

この救済の行は一生涯続くことになるでしょう。

悟りに霊感は関係がない

さて、悟りの条件は身心の浄化と思考と不動心でした。ここには、多くの人が気にする「霊感」や「霊能」に関することは含まれていません。

霊感や霊能は悟りにとって必要ないものです。ですから、無理して霊的なものを感じる必要はありません。

これは、仏教的な悟りについても同様です。仏教的な悟りには「迷いを消す」ことで到達できるのですが、ここにも霊感の出てくる余地はありません。ただ迷いを消せばいいのですから。

古今東西、悟りに達した人は、霊感があったり、法力を求めて修行をはじめたりするので、そうした能力が必要かのように誤解されがちですが、本当に必要なことは自分自身を磨くことだけなのです。

たとえば、お釈迦様はヨガの修行をしたにもかかわらず、不可思議なことを追い求めるのをやめ、瞑想によって悟りを開かれました。

霊感があることを特別視して、それをギフトだと思ったり、自分を選ばれし能力者だと思い込んだりするのはしかたないことですし、霊障の辛さを解消したいために祓いの力だけを求めるのもしかたがありません。私も最初はそうでした。でも、それらは悟りに至る道に入るためのきっかけにすぎないのです。

意識を変えれば徳を積める

悟りに到達した者は、救済の行をおこなうのが本来の道であって、それこそが創造主の要請である「神となれ」の意志にそったおこないでもあるでしょう。

これは誰にでも可能なことなのですが、誰にでもおこなえるものではないようで、たいていの人はその行を途中でやめてしまいがちです。

人を救う道をまっとうしていきましょう。

今の仕事を放り投げてまで人のために尽くせと言っているのではありません。自分の仕事のなかででも、意識を少し変えるだけで徳を積む生活ができるはずなのです。医療にたずさわる人はそれを仕事として生活していますから、意識していなくてもこの道にもっとも近いところにいるかもしれません。もちろん、医療に携わらなくとも、自分のできる範囲で意識して徳を積み、人のために尽くしていきましょう。

第八章　トレーニング

アセンション・トレーニング

悟りを得るために迷いを消す方法や、三つの条件を満たすための方法にはさまざまなものがあると思います。

私はそうした方法について考え、霊障で苦しむ人が多いという事実を踏まえて、「先祖供養」や「自祓い」を優先することにしました。まずは霊障を解消し、霊感を霊能に変えながら、悟りへ至るという方法です。

これをカリキュラムとして考えたのが、アセンション・トレーニングです。

悟りの条件をクリアするのは難しいものですが、アセンション・トレーニングは、普通の生活を送るなかでも実践しやすく、霊感がまったくない人でも取り組めるものとして考えたものです。

「先祖供養」や「自祓い」を最優先に取り組み、その上で言葉を使って神格を向上させてゆく方法を取っています。

正しく言葉を使うこと

私たちの言葉は龍神様が運んでくれますから、そのとき使う言葉は、適切に、漏れなく、抜けなく、必要な言葉を発することが大切です。日本人は日本語で、英語圏の人は英語で、思いをこめて音を出すようにしてください。

もちろん、ふだん話すようにしてもかまいませんが、日本では古くから神に伝える言葉としての「祝詞」が存在していますから、トレーニングでは祝詞を中心にしています。ただし、ひとつにこだわるのではなく、仏教で読まれるお経も採用したりします。形式にはあまりこだわらなくてもいいでしょう。思いを込めることが大切です。

内観法

霊感を持っている人、とくに「見え」たり、「聞こえ」たりする人は、霊的にもだまされやすいですから、相手の正体を看破し、何事にも冷静に判断できる力を養うため、「内観法」を採用しています。もちろん、霊感がなくともできる方法です。内観で正確に相手を看破することができれば祓うことも容易になりますし、相手を看破できないならば、力が強い相手だとわかります。

やり方を少し解説してみましょう。

あなたの頭頂部から足先にかけて、ゆっくりと自分自身にCTスキャンを掛けているようにイメージしてください。

頭のてっぺんから少しずつ下がっていきます。このときは、身体のなかにいる存在を視認するのでもなく、瞑想でおこなうように自分の思考を見るのでもなく、身体にある痛みや圧迫感など、違和感のある部分を感じるようにしましょう。見るのではなく、触覚を意識してください。身体にある違和感を察知する訓練です。慣れると一瞬でできるようになります。

こうして、あなた自身の状態をまず把握します。そして、身体のどの部位におかしなところがあるかによって、とり憑いている相手の正体を判別するのです。

紙に書いて「見える化」するとわかりやすいので、私たちは専用の「見える化シート」を使っています。いったん紙に書き出すことで、状態を正確に記録でき、一つひとつの事例についてカルテのように残すこともできますから、これらの事例を蓄積することで、さらなるノウハウの構築にも役立つと考えています。

これが、自分自身についての内観です。

次は、身体の具合の悪そうな相手を内観してみましょう。

まず、相手を思い浮かべてみてください。

そして、その人をイメージしたまま、あなた自身を再度内観してみてください。あなた自身を内観したときとは異なると思います。これは、あなたの身体を通して相手を内観したのです。

内観をはじめておこなう人でも、強烈な違いを感じることが多いものです。

他の人を内観しようとして自分の身体を内観するのは不思議な感覚だと思います。

これは「共感」という現象を応用したものです。他の人をイメージしただけで、相手の霊的な状態にあなたが共感してしまうのです。この共感状態を保ったままあなた自身を内観すると、相手の状態を詳細に把握することができます。

内観をするためには、あなた自身が綺麗に祓い清められていなければいけません。そうでないと、微妙な違和感がつかみにくくなってしまいます。常に身体が清められていてこそ内観が威力を発揮します。

この共感維持による内観が、遠隔祓いや遠隔除霊の基本となります。

なお、トレーニングとは別に、内観法の訓練に特化した内観法セミナーがあります。丸一日かけて集中的に内観を学べます。

遠隔祓い

遠隔での除霊や祓いにはイメージが大切です。

同じ次元にいるままでは、相手になにか作用を及ぼそうとすると直接触れるしかありません。

二次元空間（平面）上で、少し離れた二点にそれぞれ人が立っているとしましょう。立っている人どうしは距離が離れていますから、相手に力を及ぼすことはできません。ところが、その平面を上から見ている私たちは、平面より上の、三次元にいることになりますから、平面上にいる人に同時に力を及ぼすことができるのです。上位次元から下位次元へならば、距離が離れている二人に、時間差なく力を及ぼすことが可能だということです。

ですから、上位次元にある「イメージ」によってならば、距離に関係なく力を及ぼすことが可能になるのです。

そして、こうして離れたところへ力を及ぼすと、物理法則の基本原理「作用と反作用の法則」によって、反作用が身体のどこかに返ってきます。

この反作用をもとにして遠くにいる相手を祓う手法が「遠隔祓い」「遠隔除霊」です。気をつけなければならないのは、祓う相手からも力を及ぼされる可能性があるということです。こちらが遠隔で祓おうとするときは、反撃も覚悟しなければなりません。

癒しの基礎

私たちの身体のなかに、さまざまな神が宿っていることはすでにお話しました。私たちの身体の中心にいるのが守護神であることも、先に述べました。

守護神は身体に封じ込められていて、神気を糧としています。この糧となるエネルギーである神気が減っていくと、守護神の力は弱っていきます。

神気の減少の原因は、おもにご先祖の霊や悪魔悪霊の憑依です。憑依されるたびにあなたの神気は失われていきます。神気が失われるとあなたの守護神の力が弱り、あなた自身の魂がなにかの原因で身体から出てしまい漂ったときに、あなたの魂を身体に引き戻す力さえなくなってしまうことがあります。

では、どうすればいいのでしょう。簡単に実践できるやり方をお教えします。

それは、「神気吸引法」いわゆる「深呼吸」です。

ただし、ふつうの深呼吸とはちょっと変わったやり方ですから、慣れないあいだは少し苦しいかもしれません。

鼻で吸って口から吐く呼吸をしましょう。三度吸って一度だけ吐きます。

三度続けて息を吸うのですが、一回ごとに、大きく、これ以上吸い込めないと思うところまで吸い込んでください。そして一度息を止め、おへその下三センチほどのところにある下丹田に、吸い込んだ気を下ろすのをイメージします。三回目に息をするときはとても苦しいかもしれません。でも、少しだけでも息を吸い込んでください。

三度続けて息を吸うあいだは、けっして息を吐いてはいけません。下丹田まで気を下ろした後、口から息を吐いてください。

この方法を三度繰り返します。

うまくいくと、視界が明るくなり、身体が暖かくなるはずです。

できれば、朝日に向かって神気吸引法をおこなってください。神前でおこなうのもいいでしょう。昼間なら太陽をイメージし、夜なら月をイメージしておこなうと神気が入りやすくなります。訓練すれば、外を歩いていてもできるようになります。

この呼吸を繰り返すだけでも体調がよくなりますから、日ごろから神気を充満させるようにしておきましょう。元気な人は身体を思い通りに動かしやすくなりますし、神気は身体の免疫や自然治癒に大きく影響しますから、現在病気だという人も積極的に神気を取り込むようにすると、いい効果が得られると思います。

おわりに

霊障の苦悩は経験した者にしかわかりません。家族にすら理解されず、一人で苦しむ人が多いことでしょう。長いあいだ誰にも相談できず、安息を得られないままなのはつらいことです。できるかぎりはやく苦しみを取り除いてほしい、そのお手伝いがしたいと思っています。

その思いから、現在私は、直接お会いしたり、電話やインターネットを使ったりして、トレーニングや除霊、救霊、お祓いをしています。

トレーニングでは、本書で述べてきたさまざまな理論などもお伝えしていますが、現実の生活のなかですぐに活用するのはなかなかむずかしく、理論も知っていて、もう実践できるはずなのにできない、というケースが多かったため、毎月定期的に、実践練習を積む目的で、相手の身体に憑依したものを祓う練習をおこなっています。

また、電話などで通話しながらおこなう祓いでは一度に一人しか対応できませんし、時差の関係で、リアルタイムで会って話をしたりトレーニングすることが困難な地域に住んでいる方もいらっしゃいます。

そこで、オンラインサロンをつくりました。リアルタイムのお祓い、除霊や救霊の他に、ビデオ・オンデマンドなども活用して、苦しむ方の助けになれればと考えています。

いつでもどこでも、インターネットに接続しさえすれば、あなたのスマホがエクソシストとなるのです。

〈著者紹介〉

津江 佳希（つえ よしき）

1962年生まれ。九州大学物理学科卒業後、松下電器産業（現Panasonic）入社。26年間の就業を終え、2012年に退社。

子供のころから不思議な経験を多数経て、15歳から激しくなった霊障で苦しみ、21歳のときに現在の師の元で修行を開始。30年以上にわたる修行をおこなう。

2014年に株式会社Heart Full-Powerを立ち上げ、宗教法人ではなく株式会社という形で「魂の救済」を掲げ、毎日のように悪魔祓いや救霊をおこなっている。

また、目に見えないものからの影響に対抗する手段としての祓いや、考え方、知識などをカリキュラムとして体系化した「アセンション・トレーニング」プログラムを福岡、東京、大阪で開催。さらに、オンラインサロンを開き、オンデマンドでの救済もめざしている。

スマホのエクソシスト

2020年6月5日　初版第1刷発行

著　者　津江 佳希
発行者　韮澤 潤一郎
発行所　株式会社 たま出版
〒160-0004 東京都新宿区四谷4-28-20
☎ 03-5369-3051（代表）
FAX 03-5369-3052
http://tamabook.com
振替　00130-5-94804

印刷所　神谷印刷株式会社
組　版　一企画

ISBN978-4-8127-0439-4　C0011